KB267462

월사남

진정성 있는 SNS로 월 4천만 원 내는 남자들

허니제이 재테크 | 공돌이현직자 | 리얼딜 에릭 공저

고유한 콘텐츠로 롱런하는
퍼스널 브랜드를 꿈꾸는 분들에게는
대체 불가능한 지침서가 될 것입니다

월사남

진정성 있는 SNS로 월 4천만 원 버는 남자들

1판 1쇄 인쇄 | 2026년 2월 15일
1판 1쇄 발행 | 2026년 2월 20일

지은이 | 허니제이 재테크, 공돌이현직자, 리얼딜 에릭
펴낸이 | 최성준
책임편집 | 나비
교정교열 | 배지은
전자책 제작 | 모카
종이책 제작 | 갑우문화사
펴낸곳 | 나비소리(nabisori)
주소 | 수원시 팔달구 효원로 249번길 46-15
등록번호 | 제2021-000063호
등록일자 | 2021년 12월 20일

상점| www.nabisori.shop.
살롱| blog.naver.com/nabisorisalon
원고투고 | nabi_sori@daum.net, mysetfree@naver.com

ISBN | 979-11-92624-34-1(03320)

검인생략

1인 기업이

월 1,000만 원을 버는 것은

‘마케팅 기술’로 가능하지만,

월 4,000만 원은 이야기가 다릅니다.

이때부터는 ‘진정성’이 없이는

절대 불가능하다고 생각합니다.

릴스, 쇼츠, 후킹, 퍼널 설계, 마케팅 등은

모두 부차적인 문제입니다.

사람의 마음을 바꾸는 건,
결국 살아온 경험을 바탕으로 한 진심이다

우리는 나이와 살아온 환경, 직업이 모두 다른 세 사람이지만, 이 책을 쓰기까지 걸어온 길을 되돌아보면 삶이 우리에게 가르쳐준 것은 하나였다.

"진정성 없이 만들어진 것은 결국 오래가지 않는다는 것"

우리 중 누구도 처음부터 화려하게 시작한 사람은 없다. 누구는 선택의 여지가 없어 스스로 일어서야 했고, 누구는 늘 부족함을 느끼며 성장했으며, 또 누구는 매일 바쁘게 살아가면서도 마음 한 구석이 텅 비어 있음을 느꼈다.

그런데 이상하게도 우리의 인생이 '다시 시작'되던 순간에는 공통점이 있었다. 그것은 누군가를 따라 하거나 남들이 원하는 삶을 사는 것이 아니라, 있는 그대로의 나로 일어서보겠다고 결심한 바로 그때부터 삶이 달라지기 시작했다는 점이다.

진정성은 화려함과는 거리가 멀다. 광고처럼 현란하게 빛나지도 않고, SNS처럼 보기 좋게 꾸며지지도 않는다. 진정성은 오히려 더 조용하고, 느리며, 때로는 지치기 쉬운, 어쩌면 고독한 선택일 수 있다. 하지만 그 선택은 결코 우리를 배신하지 않았다.

실력이 쌓이기까지 오랜 시간이 걸렸지만, 거짓 없는 노력은 결국 흔들리지 않는 힘이 되었다. 또한, 아무도 알아주지 않아도 우리가 쌓아온 진심은 어느 순간 삶의 방향을 바꾸는 나침반이 되어 주었다.

이 책을 쓰면서 우리는 스스로에게 거듭 물었다. **"지금도 진심으로 살고 있는가?"** 그리고 이 질문에 **"그렇다"**라고 답할 수 있었기에 우리는 이 글을 독자들에게 당당하게 건넬 수 있다.

우리는 대단한 사람이 아니다. 평범할 뿐이고, 때로는 부서지기도 하며, 남들에게는 아무것도 아닌 순간들을 진심으로 견뎌 여기까지 온 사람들이다. 그래서 이 책에 담긴 말에는 과장도, 포장도 없다. 우리가 실제로 넘어지고, 깨지고, 다시 일어서며 얻은 경험만이 담겨 있을 뿐이다.

혹시 지금 이 글을 읽고 있는 당신이 삶 앞에서 잠시 멈춰 서 있다면, 당신의 마음도 마찬가지일 것이다.

> 진짜 나'로 살고 싶은 마음.
> 누구의 기준도 아닌, 내가 스스로 인정할 수 있는 삶.

진정성은 거창한 것이 아니다. 남들보다 빨리 앞서가는 것도, 누군가를 설득하는 능력도 아니다. 진정성이란 그저 내 마음에 거짓이 없는 상태를 의미하며, 이 한 가지를 지킬 때 비로소 삶은 진정으로 자신의 것이 된다. 우리는 이 책을 덮는 순간 당신의 마음 한편에서 아주 작은 목소리가 들려오기를 바란다.

"그래... 나도 이제 진심으로 살아보고 싶다."

마음이 움직였다면 이미 당신의 삶은 변화하기 시작했을 것이다. 세 사람이 진정성이라는 하나의 마음으로 이 책을 당신에게 전한다. 그리고 당신의 진심이 삶을 일으켜 세우기를 바란다.

honey j zetech

추천글

prologue_ 022
"나이 든다는 건, 무기를 얻는 일이다."

Chapter 01
첫 시작은 유언장, 지금은 40대 부동산 인플루언서_ 026
It all started with a will; now I'm a 40-something real estate influencer

Chapter 02
내 인생을 바꾼 네 번의 변곡점_ 042
The Four Turning Points That Changed My Life

Chapter 03
40대 중반, SNS로 인생을 다시 쓰다_ 055
In my mid-40s, I'm rewriting my life through social media

Chapter 04
월 4,000만 원? 진정성 없이는 안 된다_ 073
40 million won a month? It won't work without sincerity

Chapter 05
상담부터 멤버십까지, 인생을 케어하다_ 088
From counseling to membership, caring for your life

회사 생활 14년, 자영업 11년 차, 40대 중반 아저씨, 부동산 12주택자, 총 13채의 부동산 투자 경험을 바탕으로 SNS(인스타그램, 네이버 블로그, 스레드)를 통해 모두 32K 팔로워를 보유한 부동산 콘텐츠 계정 운영

부동산 강의, 부동산 임장, 부동산 컨설팅뿐 아니라 그동안 살아온 경험을 바탕으로 인생 고민 무료 상담소 운영 중. 또한 MZ들의 경제/재테크 길라잡이로써 매일경제신문과 협업하여 경제 신문읽기 습관 챌린지 운영

온·오프라인의 다양한 사업가들과의 만남을 위한 사업가 모임 운영 경험 보유

추천글

현직 대기업 8년차 연구개발 엔지니어이자 '공돌이현직자' 브랜드를 6년째 운영하는 대기업 취업 컨설턴트

삼성전자, 현대차, SK하이닉스, LG그룹 등 주요 대기업 지원자 3,200명 이상의 컨설팅 경험을 통해 대기업 현직자만이 제시할 수 있는 '직무적합성' 기반 취업 방법론을 체계화했다. 특히 수천 명의 지원서를 직접 뜯어보고, 면접장 안팎의 실제 데이터를 분석해 완성한 '압도적 기준'「대기업취업의 바이블」시리즈는 출간 이래 약 3,000부 이상 판매되었다.

그는 취업 시장의 과장된 광고와는 정 반대로 '무스펙/지방대는 대기업에 합격할 수 없다', '1티어 스펙을 갖추지 못한다면 대기업 취업은 어렵다'라는 메시지를 던지며

2024년 서류합격자 210명, 대기업 최종합격자 56명 배출
2025년 서류합격자 182명, 대기업 최종합격자 69명 배출이라는
놀라운 성과를 이뤄냄으로써 대기업 취업 컨설팅 시장의 패러다임을 바꾸고 있다.

감사의 글

Real Deal Eric

(주)리얼딜 대표, 리얼딜 클라쓰 대표 강사, 연세대학교 영어 교육 석사 과정, 삼성전자 사내 영어 교육, 파고다에스씨에스 영어 강사, YBM Sisa 본사 근무, 대치동 최상위권 영어 강사

25세부터 영어 회화에 도전하며 한국인이 반드시 따라야 할 영어 학습 원리를 찾아냈다. 이후, '성공하는 영어 학습 원리'를 기반으로 대한민국 성인 영어 학습자들을 위한 체계적인 커리큘럼을 개발했으며, 이 수업은 삼성전자 사내 영어 교육, 파고다 어학원, 대치동 4대 영어 학원 등에서 최고의 강의 평가를 받았다.

그가 운영하는 온라인 영어 교육 플랫폼 '리얼딜 클라쓰'는 한국인들의 학습 환경을 이해하고 "마케팅에 속지 말고, 제대로 배워야 한다"는 철학을 바탕으로 운영되고 있으며, 수많은 학습자들에게 "영어 종착지"라는 찬사를 받으며, 영어를 어려워하던 사람들에게 희망을 주고 결과로 증명하고 있다.

Honey

j

zetech

허니제이 재테크

'사람을 위하는 마음'이 진실해야 한다는 것

이제 그 인연이 어느덧 1년이 되어갑니다

작년 7월, 허니제이 님을 처음 알게 되었을 때는 미처 몰랐습니다. 제가 이렇게 허니제이 님의 책에 추천 글을 쓰게 될 줄은요. 당시 저는 잘못된 투자로 인해 많은 고민과 불안 속에 있었습니다. 그러던 중 우연히 허니제이 님과 상담을 하게 되었고, 그 인연으로 1년 만에 저는 소액 투자로 월세를 받는 임대인이 되었습니다. 처음 연락을 드렸을 때, 긴 터널을 지나고 있는 것 같다고 말씀드렸습니다. 그때 허니제이 님께서 이렇게 말씀해 주셨습니다.

"걱정하지 마요. 1년 안에 월세 받는 임대인 만들어줄게요."

솔직히 처음엔 믿기 어려웠습니다. 하지만 곁에서 허니제이님이 본인의 명확한 기준과 투자 철학을 바탕으로 자산을 차곡차곡 불려나가는 모습을 보면서 자연스레 동기부여가 되었고, 또 따뜻한 격려에 힘입어 '나도 한번 해보자'는 용기를 가지게 되었습니다.

임장 참여를 통해 부동산을 보는 눈을 조금이나마 키울 수 있었고, 소중한 인맥도 얻을 수 있었습니다. 경제 신문 챌린지를 통해서는 세상이 어떻게 돌아가는지, 좁은 한국 땅에서 넓은 시각으로 멀리 내다보는 연습도 할 수 있었습니다. 그리고 2025년 4월, 저는 정말 월세를 받는 임대인이 되었습니다.

아직은 느리지만, 제 속도대로 꾸준히 일상 속에서 성장을 이어가고 있습니다.

"폭발적이지 않아도 괜찮아요. 제 속도를 유지하면서 한 발 한 발 성장해가는 모습이 참 보기 좋아요."

허니제이 님께서 해주신 이 말이 오래도록 기억에 남습니다. 이 자리를 빌려 진심으로 감사드립니다.

이 책은 '투자하면 누구나 된다'는 식의 달콤한 이야기를 담고 있지 않습니다. 오히려, 현실적인 방향과 가능성을 제시해주는 매우 실질적인 '로드맵' 같은 책입니다.

부린이이거나, 이제 막 재테크를 시작하시는 분들께 이 책이 든든한 나침반이 되어 주길 바라며, 허니제이 님의 지혜와 따뜻한 격려가 여러분의 삶에도 큰 힘이 되길 바랍니다.

언젠가는 리틀제이가 되어있을　김도은

12개의 적금을 운영하는 일명 '풍차돌리기 시스템'

2년 전만 해도 '부동산'이라는 단어는 저에게 낯설고 어렵게만 느껴졌습니다. 무엇부터 시작해야 할지 막막했는데, 우연히 인스타그램을 통해 부동산 스터디에 참여하면서 허니제이 님을 알게 되었습니다.

혼자 용기를 내어 참여했던 황제임장 지역은 연고도 없는 낯선 광교였지만, 저에게는 생애 첫 임장이었습니다. 입지 설명을 듣고 직접 현장을 돌아본 그날, 저는 '이건 진짜다'라는 확신을 갖게 되었습니다. 말로만 듣던 부동산 공부가 실제로 와닿는 순간이었습니다. 임장 후, 고심 끝에 가입한 멤버십은 제 인생의 또다른 전환점이 되었습니다.

단순한 정보 전달을 넘어 매주 업데이트되는 부동산 인사이트와 시장 흐름 분석은 '부동산 공부 습관'을 만들어 주었고, 단기적 관심이 아닌 장기적인 시야를 갖게 했습니다. 그 후 허니제이 님과 꾸준히 소통하면서 경제신문 읽는 법, 데이터 해석, 리스크 분산 방법 등 경제적 자립을 위한 지속 가능한 사고방식을 배울 수 있었습니다.

그의 진심을 통해 처음으로 '나도 할 수 있다'는 자신감을 얻었고, 이전과는 완전히 다른 시각으로 경제를 바라보게 되었습니다. 목돈을 한 번에 투자하는 대신 소액으로 월세가 발생하는 오피스텔에 분산 투자하여 수익 구조를 다양화했고, 매달 20만 원씩 12개의 적금을 운영하는 일명 '풍차돌리기 시스템'을 통해 1년 뒤부터는 매달 240만 원 이상의 제2의 월급을 받게 될 것입니다.

저의 경제 시스템은 단일 수익원이 아닌, 다양한 현금흐름을 바탕으로 안정성을 갖춘 구조로 바뀌었습니다. 허니제이 님이 늘 강조하셨던 현금흐름 중심의 사고가 제게 중요한 기준이 되었기 때문입니다. 저처럼 경제에 무지했던 사람도 매일 신문을 읽고, 작은 습관을 만들고, 단단한 기준을 세우는 법을 배운다면 얼마든지 변화할 수 있습니다.

경제가 막막한 분들, 불안해서 아무것도 시작하지 못한 분들, 저처럼 '작게'라도 제대로 시작하고 싶은 분들께 이 책을 진심으로 추천합니다.

좋은 롤모델을 따라 걷는 민지원

나이 든다는 건, 무기를 얻는 일이다

"형, 어떻게 월 4천이나 벌어요?"
"대체 뭘 했길래 그렇게 벌었어요?"

정말 많은 사람들이 나에게 이 질문을 한다. 그럴 때마다 나는 이렇게 말하고 싶어진다.

"내가 벌었다고 생각해? 아니, 나는 그냥 살아냈을 뿐이야."

나는 자랑할 만한 학벌도 없고, 돈 많은 부모님도 없고, 거창한 스펙도 없다. 그저, 이 세상에서 매일 버티는 법을 조금 빨리 배운 것뿐이다. 자살 시도도 했었고, 직장도 때려치워 봤고, 호기롭게 시작한 자영업이 흥해도 봤고, 망해도 봤고, 후방 추돌 교통사고로 우울증이 찾아와 별의별 생각을 해보기도 했고, 뇌경색이라는 청천벽력 같은 진단도 받아봤다. 남들처럼 '멋진 커리어'는 없었다.

그저 무너지고, 또 일어나기를 반복했다.

그렇게 '살아낸 이야기들'을 블로그라는 공간에 끄적이기 시작했다. 남들은 자랑하고 싶을 때 SNS를 시작하지만, 나는 사랑하는 가족들에게 유언장을 남기듯 블로그를 시작했다.

그때부터였던 것 같다.

누군가 내 이야기에 함께 울고, 함께 공감하며 연락을 주기 시작한 게. 그 이야기가 하나둘씩 모여 '허니제이'라는 이름이 퍼지기 시작했다. 어느 날은 '내 집 마련기'가 누군가의 로망이 되었고, 어느 날은 '실패한 자영업 이야기'가 누군가에게 위로가 되었으며, 어느 날은 '교통사고 후 무너진 심정'을 담담히 풀어낸 글이 한 사람의 마음을 살리는 계기가 되었다.

그러면서 나는 깨달았다. 내가 겪은 모든 일에는 의미가 있었다는 걸. 사실 나는 단 한 번도 콘텐츠를 위해 살았던 적은 없다. 하지만 내 인생 경험 자체가 콘텐츠가 되었고, 그 콘텐츠는 나만의 무기가 되었고, 그 무기는 결국 돈이 되었다.

이건 'SNS로 돈 버는 방법' 같은 게 아니다.

내 이야기를 꺼내는 용기, 내 상처를 보여주는 진심, 그리고 "나도 이런 사람이야!"라고 말할 수 있는 자기 확신. 이 모든 게 모여 하나의 브랜드가 된 것이다.

1인 기업으로써 월 1,000만 원은 '마케팅 기술'로 가능하다. 하지만 월 4,000만 원은 좀 다르다. '진정성' 없이는 절대 불가능하다고 생각한다.

릴스, 쇼츠, 후킹, 퍼널 설계, 마케팅 등. 이 모든 건 후순위다. 중요한 건 '사람을 위하는 마음'이 진짜여야 한다는 것. 나는 사람들을 위해 진심을 담아 상담했고, 강의했고, 함께 걸었고, 함께 울었다. 그 진심이 나를 여기까지 오게 했다. 이제 나는 나이 먹는 것이 두렵지 않다. 과거엔 나이를 먹는다는 것이 부담이었고, 중년이 되는 건 마치 인생이 끝을 향해 가는 것처럼 느껴졌다. 하지만 지금은 다르다. 나이를 한 살 한 살 더 먹을수록, 내 콘텐츠의 깊이는 더욱 깊어진다.

내가 살아낸 날들이 또 하나의 콘텐츠가 되고, 그 콘텐츠가 또 다른 사람의 삶을 바꾼다. 이제 나는 나이를 먹는 것이 설렌다. 더 많은 이야기를 갖게 될 것이고, 더 많은 사람들과 연결될 수 있기 때문이다. 지금 이 글을 읽고 있는 당신도 마찬가지다.

아직 콘텐츠가 없다고 생각하는가? 그렇지 않다. 당신은 이미 살아냈고, 버텼고, 견뎠다. 그것만으로도 충분히 쓸 이야기가 있다.

그 이야기를 꺼내라.

그 이야기를 정리해라.

그 이야기를 나눠라.

그렇게 당신의 경험은 '무기'이자 '브랜드'가 되고, 마침내 '수익'이 될 것이다. 당신도, 지금 이 책을 읽는 이 순간부터 두 번째 인생을 설계할 수 있다.

그리고 나처럼, "나이 먹는 게 기대된다"라고 말할 수 있을 것이다.

첫 시작은 유언장,
지금은 40대
부동산 인플루언서

It all started with a will;
now I'm a 40-something
real estate influencer.

(# 블로그)
(# 유언장)
(# 허니제이)
(# 40대)
(# 진정성)

나는 왜 SNS를 시작했는가?
사람들은 나에게
늦은 나이에 SNS를 왜,
어떻게 시작했냐고 묻는다.
'돈을 벌기 위해서'
'자랑하기 위해서'라고 생각하는
사람이 대부분이겠지만,
나의 대답은 조금 다르다.

무려 마흔넷의 나이에
블로그란 걸 처음 접한
중년 남자였던 나는
'살기 위해서'
SNS를 시작했다.

나는 한 무면허 운전자가 낸 후방 추돌 사고로 허리를 다쳤고, 그 사고 이후 약 한 달 이상 허리를 거의 쓸 수 없었다. 제대로 움직일 수 없는 몸은 곧 마음까지 가둬버렸고, 육체적으로 아팠지만, 그보다 더 심각했던 건 침대에 누워 있는 그 시간 동안 엄청난 우울감이 나를 덮어버린 것이다. 그때 나는 생각했다. '내가 아무리 열심히 살아도, 내 잘못이 아닌 다른 누군가의 실수 하나로 죽을 수도 있겠구나.' 이 생각이 내 인생을 뒤흔들었다. 그날 이후로, 내 삶은 철저하게 무력감 속에 빠져들었고, 하루하루 살아가는 것이 무섭기까지 했다.

만약 내가 내일 세상을 떠난다면, 혹은 불구가 된다면 사랑하는 가족들은 내 마음을 알아줄까? 남편이자 아빠로서 가족을 위해 열심히 살아왔고, 우리 가족을 너무나 사랑한다는 것을 알아줄까? 내가 살아온 인생이 그 어디에도 남지 않게 되는 건 아닐까? 사랑한다는 말 한마디 제대로 못 하고 세상을 떠나는 건 아닐까? 이러한 생각들이 머릿속에서 떠나지 않았다. 그렇다고 유언장을 매일 품에 지니고 다닐 수도 없는 노릇이기에 나는 결심했다. '내가 살아온 시간을, 내 마음을, 내 이야기를 어딘가에 남기자.' 그 '어딘가'가 바로 네이버 블로그였다.

사실 나는 블로그가 무엇인지조차 제대로 몰랐다. 어디서 들었는지 기억조차 나지 않는 한 마디, 언젠가 누군가가 "기록은 블로그에 남기면 좋다"고 했던 게 언뜻 생각났다. 그 말 하나에 기대어, 나는 생애 첫 블로그를 열었다. 무슨 내용을 적어야 하는지 감조차 오지 않는 상황에서, 나는 그동안 부동산 투자를 했던 경험과, 이 투자를 하기 위해 고군분투했던 내용들부터 적기로 결심했고, 드디어 블로그에 내 인생의 첫 한 줄을 적어내기 시작했다.

나중에 갑작스런 불의의 사고로 내가 이 세상에서 사라지더라도 사랑하는 가족들이 내가 작성한 블로그 글을 보며 '그래도 우리 아빠, 가족을 위해 열심히 살아오셨구나'라고 생각해 주길 바라는 마음으로 써 내려갔다. 이 블로그는, 누군가에게 보여주기 위한 것이 아니라 오로지 사랑하는 나의 가족들에게 남기는 유언장이었다. 그렇게 나는 내 이름을 바탕으로 만든 '허니제이'라는 닉네임으로 나의 두 번째 인생을 매일 기록하기 시작했다. 그렇게 시작한 블로그는 내게 마음의 끈이 되어 주었다.

하루하루 글을 쓰는 것만으로도 마음이 조금씩 정리되기 시작했다. 병원에서 받는 약보다, 얼굴도 모르는 서로이웃이라 불리는 인친과 나누는 글 한 줄, 댓글 소통이 더욱 나를 살렸다. 글을 통해 세상과 연결되고, 사람들과 감정을 주고받으며, 나는 조금씩 다시 견디며 살아가고 있었다. 이것이 내가 SNS를 시작하게 된 이유다. 돈을 벌기 위함도 아니었고, 인기나 주목을 얻기 위함도 아니었다.

나는 살아야 했고, 또 언젠가 일어날지 모르는 사고를 대비해 살아있는 동안 사랑하는 가족들에게 내 이야기를 남기고 싶었을 뿐이다.

| 교통사고, 그리고 유언장

2022년 8월 1일, 아침 8시경. 여느 때처럼 나는 클라이언트의 영상 촬영을 위해 연출 감독과 함께 용인서울고속도로를 달리고 있었다. 바쁘고 익숙한 하루의 시작이었다. 일말의 불안도 없던 순간, 앞차가 서서히 속도를 줄이자 우리도 자연스럽게 브레이크를 밟았다. 그런데 그 찰나, 뒤에서 "꽝!" 하는 굉음과 함께 전신을 흔드는 거센 충격이 밀려왔다.

삶 전체가 멈춘 듯한 순간이었다. 머릿속이 하얘졌고, 몸이 붕 뜨는 느낌과 함께 마음은 공포로 얼어붙었다. 무면허 졸음 운전자가 사고를 일으킨 것이었다. 횟감을 싣고 달리던 차량이 급브레이크조차 밟지 못한 채 그대로 우리 차량을 뒤에서 들이받은 것이다. 충격이 워낙 강해서 차량은 크게 파손됐고, 나는 심한 어지럼증과 반복적인 구토 증상을 겪기 시작했다. 도저히 버틸 수가 없었다. 견딜 수 없을 정도로 힘들어 곧장 택시를 타고 인근 대학병원 응급실로 향했다. 긴 대기 끝에 X-ray와 CT 촬영을 진행했고, 다행히 가벼운 뇌진탕이라는 진단과 함께 진통제를 처방받았다. 쉬고 싶었지만, 클라이언트와 우리 팀과의 약속을 저버릴 수 없어 다시 촬영장으로 향했다.

당시 외상은 없었기 때문에 '큰일은 아닐 거야'라고 생각했지만, 무슨 영문인지 시간이 지날수록 몸이 점점 이상해졌다. 이틀 후, 나는 침대에서 스스로 일어날 수 없는 상태에 놓였다. 허리는 말 그대로 '움직일 수 없는 상태'가 되었고, 작은 뒤척임조차 고통으로 이어졌다. 몸을 마음대로 움직일 수 없다는 현실은 두려움 그 자체였다.

　나는 더 이상 일상으로 돌아갈 수 없을지도 모른다는 불안감에 휩싸였고, 그 무력감은 내 정신까지 짓눌렀다. 그 순간부터 삶 전체가 송두리째 흔들렸다. '혹시 내가 이대로 세상을 떠난다면?'이라는 질문이 점점 현실이 되기 시작했다. 나는 깊은 밤, 불안한 생각들 속에서 삶의 끝을 상상했고, 동시에 내 곁의 소중한 사람들을 떠올렸다. 바로 가족이었다. 아내와 두 딸. 그들에게 나는 어떤 존재였을까? 만약 내가 없어진다면, 그들은 나를 어떤 사람으로 기억할까?

　허리가 조금씩 나아질 무렵, 나는 사랑하는 가족에게 내 삶의 기록을 남겨주기로 결심했다. 노트북을 펼쳐 내 인생을 하나하나 정리하기 시작했는데, 처음에는 단순한 유언장을 쓰려고 했지만, 점차 살아온 날들을 되돌아보는 삶의 기록이 되었다. 그 기록은 누군가에게 보여주기 위한 글이 아닌, 오직 가족에게 남기고 싶은 진심 어린 기록이었다.

　나는 블로그에 천천히 내 이야기를 풀어내기 시작했다. 부동산 투자를 하기 위해 고군분투했던 날들, 투자에 성공하기까지의 시행착오, 가족과 함께한 소중한 여행, 맛집을 찾아다닌 기록들까지. 나라는 사람의 흔적을 있는 그대로 남기고 싶었다. 혹시라도 내가 갑자기 이 세상에서 사라지더라도, 블로그를 통해 아내와 아이들이 "아빠는 이렇게 살아냈구나"라고 느껴주기를 바랐다. 이 블로그는 단순한 SNS가 아니었다. 유언장이었고, 삶의 회고록이었다. 외부에 보여주기 위한 글이 아닌, 오직 사랑하는 사람들을 위해 진심

　　　　　　　　　　　　　　　　　　　　　N잡러 허니제이 재테크

으로 써 내려간 기록이었다.

처음엔 아무도 내 글을 읽지 않았고, 댓글 하나 달리지 않았다. 그런데도 나는 매일 썼다. 글을 쓰는 그 시간은 나를 회복시켰고, 내 안의 상처들을 천천히 어루만져 주었다. 그러던 어느 날, 처음으로 낯선 누군가가 댓글을 남겼다.

> 저도 선생님처럼 되고 싶어요.”
> “이웃님, 정말 대단하세요.”

그 댓글 하나에 마음이 뭉클해졌다. 내가 털어놓은 이야기가 누군가에게 위로가 되었고, 응원이 되었다는 사실은 생각보다 훨씬 더 큰 감동이었다. 그날 이후, 나는 결심했다. 부족하더라도, 누군가의 인생을 바꾸기 위한 글을 쓰겠다고. 죽음을 생각하던 나는 그때부터 다시금 삶을 이야기하기 시작했다. 그리고 글을 통해 나는 두 번째 인생을 살게 되었다. 나는 더 이상 죽음을 생각하는 사람이 아니었다. 누군가에게 삶과 희망을 이야기하는 사람이 되어가고 있었다.

블로그에 쏟아낸 내 이야기

블로그를 시작한 후, 나는 거의 매일같이 글을 썼다. 처음엔 단순히 나를 위한 기록이었다. 나의 과거, 나의 상처, 그리고 살아오면서 느낀 감정들을 고스란히 적어 내려갔다. 그런데 그 글들이 점점 형태를 갖추기 시작했다.

'허니제이'라는 이름으로 내 인생의 굴곡을 이야기했고, 그 굴곡 속에서도 놓지 않았던 희망을 전하고자 했다. 처음 올린 글은 그야말로 단순했다. 내가 부동산 투자를 어떻게 시작했는지, 어떤 계기로 공부를 하게 되었는지, 자그마한 투자금으로 오피스텔을 계약하며 어떤 실수를 했는지를 솔직히, 그리고 담담히 풀어냈다. 화려한 성공담이 아닌, 어찌 보면 다양한 시행착오와 실패의 기록들이었다. 그런데 사람들은 그 진솔한 이야기에서 위로를 받았다.

이런 실패도 괜찮구나.”

“나만 그런 게 아니었네.”

나처럼 무너졌던 또 다른 사람들에게 내 글이 힘이 되기 시작했다. 하루하루 지나면서, 나는 블로그에 담을 수 있는 이야기가 무궁무진하다는 걸 알게 되었다. 단순히 투자 이야기만이 아니었다. 자영업자로서의 경험, 14년간의 직장 생활 중 겪었던 조직 생활의 애환, 가족과 함께한 소중한 여행, 내가 좋아했던 맛집 탐방까지—all of me, 블로그는 나라는 사람의 모든 것을 보여주는 창구가 되어갔다.

어떤 날에는 “오늘은 허리 통증이 심해 아무것도 할 수 없었다. 그래도 책 한 권을 읽었다”라는 일기 같은 글을 남기기도 했고, 또 다른 날에는 “세입자가 요청한 수리를 해결하며 느낀 임대인의 책임감”에 대해 깊이 써 내려갔다. 실용적인 정보가 될 수 있는 글도 있었고, 전적으로 감정에 집중한 글도 있었다. 나에게 블로그는 점점 '하루의 일기'이자 '삶의 교과서'가 되어갔다. 누군가에게는 투자

정보가 되었고, 또 다른 누군가에게는 살아가는 자세가 되었다.

나는 거창한 철학이나 전문성을 앞세운 글을 쓰지 않았다. 다만 지금 내가 있는 자리에서, 나의 눈으로 본 현실을 진심으로 써 내려 갔다. 그 솔직함이 블로그에 녹아들었고, 그 정직함이 누군가의 가 슴에 닿기 시작했다. 특히 많은 반응을 얻은 콘텐츠는 '내 집 마련 스토리'였다. 흙수저 출신인 내가 어떻게 첫 집을 샀는지, 어떤 기 준으로 집을 골랐는지, 실전에서 느꼈던 긴장과 기쁨, 실수와 성공 을 있는 그대로 담았다.

독자들은 마치 자기 이야기를 듣는 듯 공감했고, "선생님 글 덕 분에 용기를 얻었다"라는 댓글도 심심치 않게 달렸다. 내 글을 본 많은 사람들이 나에게 개인적으로 연락을 주기 시작했다. 그들 중 에는 지금 막 결혼한 신혼부부도 있었고, 부모님 집을 대신 알아보 는 자녀도 있었다. 오피스텔 투자를 잘못해 엄청나게 고민을 하는 사회 초년생도 있었다. 그들은 모두 내 경험을 통해 실제적인 방향 성을 얻고 싶어 했다.

그때 처음으로 느꼈다. '나의 이야기가 누군가에게 도움이 될 수 있구나.' 그 사실은 나를 더 성실하게 만들었다. 단순히 감정을 토 해내는 글에서, 정보를 함께 전달하는 구조로 글의 형식도 바뀌었 다. 예를 들어, '스트레스 DSR 정보' '임장 시 꼭 체크해야 할 5가 지' '신혼부부 특공의 변화' 같은 주제들을 다뤘고, 구체적인 사례 와 함께 내 생각을 덧붙였다. 그 덕분에 내 블로그는 점점 더 많은 사람에게 신뢰를 얻게 되었다. 나는 이제 블로그를 단순한 기록의

장으로 보지 않는다. 블로그는 내 인생의 방향을 바꾼 결정적인 전환점이자, 진심이 모여 만들어낸 연결의 장이다. 내 삶을 투명하게 보여주는 공간, 그리고 누군가의 삶을 위로하고 북돋아 줄 수 있는 가능성의 플랫폼이다.

어떤 날은 댓글 하나가 나를 울렸고, 어떤 날은 내가 쓴 글 한 편이 누군가의 삶을 바꾸는 씨앗이 되었다. 그 누적된 힘은 나를 이끌었고, 나는 점점 더 '의미 있는 글을 쓰는 사람'으로 성장했다. 나를 위한 기록에서 시작된 블로그는 결국 누군가의 인생을 바꾸는 메시지를 품은 공간으로 성장했다. 그리고 그것이야말로 내가 지금도 글을 쓰고, 나의 경험을 나누고자 하는 가장 큰 이유다.

우리 모두의 인생 이야기는 누군가에게 들려줄 가치가 충분하다. 나는 그저 이 사실을 글로 증명했을 뿐이다.

▌아무도 모르게 시작된 인생 리셋

블로그는 내 삶을 바꿨다. 아니, 블로그를 통해 나는 다시 '살게' 되었다. 처음에는 그저 하루하루를 버티기 위한 수단이었다. 사고 이후의 무력감, 몸이 말을 듣지 않는 좌절감, 그리고 정신적으로 휘청이던 시간을 기록으로라도 붙잡아야만 견딜 수 있었던 것이다.

하지만 어느 순간부터, 나는 내가 변화하고 있다는 걸 느꼈다. 글을 쓰는 시간이 하루의 중심이 되었고, 누군가의 댓글 한 줄은 내가 살아 있음을 느끼게 했다. 나는 더 이상 과거의 상처에만 머물지 않았다. 오히려 과거의 나로부터 배워가고 있었고, 그 과정을 글로 남기는 것은 곧 나를 치유하는 과정이 되었다.

아무도 모르게, 조금씩 다시 세상을 살아가는 법을 배우고 있었다. 아침에 일어나면 가장 먼저 블로그에 어떤 글을 쓸까 고민하고, 하루의 마무리도 블로그를 통해 정리했다. 글을 쓴다는 건, 단순한 내 생각의 아웃풋이 아니었다. 그보다는 나 자신을 마주 보는 일이었다. 어떤 날은 글을 쓰며 눈물을 흘렸고, 또 어떤 날은 웃음으로 채워지기도 했다.

특히 인생의 방향이 조금씩 재설정되고 있음을 느끼기 시작한 것은 '다른 사람들과의 연결'이 시작되면서부터였다. 블로그를 통해 나와 비슷한 고민을 가진 사람들을 만나게 되면서, 그들과 나눈 대화 속에서 위로를 받았다. 누군가 내 글을 읽고 삶의 방향을 다시 잡게 되었다는 이야기를 들을 때면, 나 역시 그 사람과 함께 다시 태어난 기분이었다. 나는 더는 혼자가 아니었다. 내 삶이 누군가에게 의미 있는 존재가 될 수 있음을 깨닫자, 삶의 무게가 훨씬 가벼워졌다. 이 블로그라는 공간은 단순한 온라인 플랫폼을 넘어, 내 삶의 새로운 시작을 가능하게 해준 안식처였다.

어느 순간부터는 블로그가 없었다면 지금의 내가 없었을 것이라는 생각마저 들었다. 그것은 단지 기록의 힘이 아니었다. 진심을 나누는 힘, 공감을 통해 치유되는 힘, 그리고 나를 나답게 만들어주는 힘이었다. 그 힘은 천천히, 그러나 분명하게 내 삶의 방향을 바꾸고 있었다.

내가 '허니제이'라는 이름으로 블로그를 시작했을 때만 해도, 솔직히 이 이름이 이렇게 많은 사람들에게 익숙해지고, 누군가에게 희망이 될 줄은 전혀 몰랐다. 하지만 이제는 확신한다. 인생은 언제든 다시 시작할 수 있으며, 그 시작은 아주 작고 소박한 글 한 줄일 수 있다는 것을.

| 40대 중년, 무모한 인스타그램 도전기

블로그로 다시 살아나고 있는 나 자신에 대한 감각이 들 즈음, 한 블로그 이웃이 내게 조심스레 말했다.

> 이런 글들, 인스타그램에도 올려보세요.
> 더 많은 사람들에게 닿을 수 있을 거예요."

그 말을 들었을 땐, 솔직히 웃어넘겼다. '내 나이 마흔다섯에 인스타그램이라니…'라는 생각이 먼저 들었기 때문이다. 감각적인 사진, 트렌디한 릴스, 예쁘게 편집된 카드뉴스들… 도무지 40대 아저씨인 나와는 어울리지 않는 세계 같았다.

무엇보다 나는 그런 '감각'을 가진 사람이 아니었다. 영상도 잘 못 찍고, 감성 있는 색감도 모르고, 트렌드에도 둔했다. 하지만 그럼에도 불구하고 나는 '진심'을 전하고 싶었다. 시작을 하려고 보니 릴스는 감히 엄두조차 나지 않았다. 대신 내가 잘할 수 있는 방식으로 해보자고 마음먹었다. 그래서 선택한 것이 바로 '카드뉴스'였다.

익숙하지 않은 포맷이었지만, 그래도 글로 진심을 전할 수 있고, 이미지보다 메시지가 중심이 되는 형식이었다.

2023년 1월 31일, 나는 '허니제이 부동산'이라는 이름으로 인스타그램 계정을 만들고, 내가 직접 만든 첫 카드뉴스를 올렸다. 처음 올린 콘텐츠는 화려하지 않았다. 화려하지 않은 정도가 아니라 투박하다는 표현이 맞을 수도 있겠다. 일단 부동산 투자라는 주제를, 그동안 블로그에서 다뤄온 방식대로, 정직하고 솔직하게 풀어냈다. 감각적인 이미지도 아니었고, 세련된 컬러도 없었지만, 내가 직접 만들었기에 더욱 애착이 갔다. 카드 한 장 한 장에 담긴 문장은, 내 인생의 진심 그 자체였다.

'LH 공공임대 월세살이 7년 만에 광교 신도시 아파트 내 집 마련 방법'을 시작으로 '흙수저에서 시작한 중년 아저씨의 부동산 투자 도전기' '꾸준함의 중요성' '인생 첫 부동산 투자 스토리' 등의 문장들이 담긴 첫 카드뉴스를 올렸을 때, 놀랍게도 반응은 따뜻했다. "공감해요" "저도 시작해보려 합니다" "마음이 움직였어요" 같은 댓글들이 달렸다. 화려하지 않았지만, 진심은 사람들에게 전해졌다.

나는 확신했다. 내가 잘하지 못하는 것을 억지로 따라가기보다, 내가 잘할 수 있는 방식으로 진심을 전달하는 것이 훨씬 더 중요하다는 것을. 그때부터 나의 인스타그램은 카드뉴스 중심으로 운영되기 시작했다. 하루에도 몇 번씩 수정하고, 다시 만들고, 직접 글을 써 가며 콘텐츠를 채워갔다. 처음엔 카드뉴스를 제작하는 데 시간이 엄청 오래 걸린 반면, 반응은 미미했다. 하지만 시간이 지날수록 '허니제이의 글'을 기다리는 사람들이 생겼다.

어느 날은 이런 메시지가 도착했다.

선생님 카드뉴스 덕분에 용기를 냈어요."

"이런 콘텐츠는 처음 봤어요. 진짜 와닿습니다."

"허니제이 님, 릴스보다 카드뉴스가 더 깔끔해서
보기 편하네요. 정말 잘 만드시는 것 같아요."

그런 피드백이 하나둘씩 쌓이면서 나는 스스로에게 말했다. "이건 내 콘텐츠이기도 하지만, 누군가에겐 인생의 전환점이 될 수도 있겠구나." 릴스를 못 만든다고 좌절하지 않았다. 카드뉴스를 잘 만들지 못해도 포기하지 않았다. 중요한 건, 그 안에 담긴 '진심'이었고, 나의 이야기를 듣고 싶은 단 한 사람에게라도 도달하는 것이었다.

인스타그램은 나에게 또 하나의 일기장이자 무대가 되었다. 무모하게 시작했던 도전은 내 진심을 전달할 수 있는 가장 따뜻한 통로가 되었다.

| 감각보다 진심. 트렌드보다 진정성

40대 중년의 SNS 도전은 그렇게 시작되었고, 지금도 계속되고 있다. 그리고 나는 이 길을 단발성 이벤트가 아닌, '나의 일상'으로 삼았다. 단 한 번의 반짝임보다 중요한 건 '꾸준함'이었다. 그렇게 나는 2년이 넘는 시간 동안 꾸준히 카드뉴스를 만들어왔다.

때로는 바쁜 일상에 지치고, 콘텐츠의 퀄리티에 스스로 실망하는 날도 있었지만, 단 한 번도 이 길을 가는 것을 멈추지 않았다.

누군가는 말한다.

"이렇게까지 열심히 하시는 이유가 뭔가요?"

그럴 때마다 나는 조용히 대답한다.

> 사람들이 제 글을 보며 시행착오를
>
> 덜 겪었으면 좋겠어요."
>
> "저의 이 진심이 사람들에게
>
> 꼭 전달되었으면 좋겠어요."
>
> "하지만, 진심은 하루아침에 닿지 않으니까요.
>
> 저는 그 진심이 전달될 때까지 꾸준히 할 거예요."

지금의 내가 있기까지, 감각은 부족했지만 진정성 하나로 버텨온 시간들이 있었다. 그 시간들이 쌓여, 지금의 콘텐츠가 되었고, 지금의 커뮤니티가 되었고, 결국 지금의 허니제이를 만들었다. 앞으로도 나는 이 방식대로, 이 진심 그대로 계속해 나갈 것이다.

나는 인스타그램에서 화려한 바이럴 영상도, 자극적인 썸네일도 사용하지 않았다. 대신 오로지 '진심' 하나로 사람들과 마주했고, 그 진심은 하나둘씩 전해졌다. 어느새 나의 팔로워 수는 20,000명을 넘어섰다.

누군가는 이 숫자를 별것 아닌 것으로 여길 수도 있다. 10만, 100만 팔로워를 가진 유명 인플루언서들과 비교하면 초라하게 느껴질지도 모른다. 하지만 나에게 이 20,000명은 단순한 숫자가 아니다. 2년 넘게 한 장 한 장, 글 한 줄 한 줄을 쌓아올린 시간의 결과이자, 나의 진심을 알아본 사람들의 증거다.

단 한 명이라도 내 콘텐츠를 통해 위로받고, 삶의 방향을 잡았다면, 그것으로 충분했다.

나는 처음부터 빠른 성공을 꿈꾸지 않았다. 대신 느려도 괜찮으니 '꾸준히, 진심으로' 가겠다고 다짐했다. 그리고 그 다짐은 실제가 되었다. 카드뉴스 하나를 만들 때도 수십 번을 수정했고, 밤을 새워 문장을 다듬으며 내 마음이 온전히 담기길 바랐다. 그렇게 쌓인 콘텐츠들이 지금의 나를 만들었다. 팔로워 수가 늘어날수록 책임감도 커졌다.

"허니제이님의 글을 보고 매일 신문을 읽기 시작했어요."
"덕분에 처음 부동산 임장에 도전했어요."

팔로워들로부터 이런 메시지를 받을 때면, 이 길을 계속 가야겠다는 사명감이 들었다. 단순한 팔로워가 아니라, '나의 이야기를 들어주는 사람들'이라고 생각하며 한 분 한 분과 대화했고, 댓글을 읽은 후에는 일일이 답글도 달았다, 때로는 전화로 상담도 했다. 중요한 건 숫자가 아니라, 연결의 깊이였다. 진심으로 소통한 결과, 나는 40대 중년 아저씨도 SNS에서 충분히 '떡상'할 수 있다는 걸 증명했다.

지금 이 글을 읽는 독자 중 누군가는 40대, 또는 그 이상일지도 모른다. 늦었다고 생각할 수도 있고, '나 같은 사람이 과연 될까?' 하며 의심할 수도 있다. 하지만 나는 말하고 싶다.

"내가 했으면, 당신도 할 수 있습니다."

나도 처음엔 당신처럼 망설였고, 부족했고, 감각도 없었다. 하지만 진심은 통한다고 믿었다. 당신은 나이를 무기로, 경험을 콘텐츠로 바꿀 수 있는 사람이다.

이 책을 읽고 있는 지금 이 순간이, 당신의 두 번째 인생이 시작되는 순간이 될 수 있기를 바란다.

떡상은 진심에서 시작된다.

내 인생을 바꾼
네 번의 변곡점

The Four Turning Points
That Changed My Life

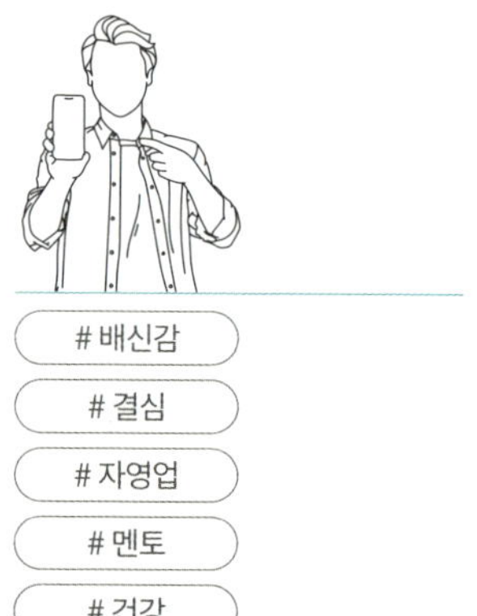

\# 배신감

\# 결심

\# 자영업

\# 멘토

\# 건강

죽음을 선택하려 했던 그날 밤
사람들은 나를 보면
밝은 사람이라고 한다.
성실하게 14년 동안 회사 생활을 했고,
조직 안에서도 나름 인정받으며
살아왔다고 생각한다.
하지만 그런 나에게도,
인생을 송두리째 흔들어버린
사건이 있었다.

14년 동안 열심히 쌓아온 모든 걸
한순간에 잃어버린 날.

그것이 내 첫 번째 변곡점이었다.

N잡러 **허니제이 재테크**

나는 믿었던 형님에게 약 7천만 원을 빌려주었다. 두 딸이 그동안 세뱃돈과 용돈을 모아놓은 통장도 깨고, 아내와 함께 차곡차곡 모아둔 예·적금도 해지했다. 그마저도 부족해 신용카드 서비스로 현금을 뽑아 모았다. 그리고 아무런 차용증도 없이, 계좌 이체 기록도 남기지 않은 채, 전부 현금으로 건넸다. 지금 생각해보면 이렇게 멍청할 수 있을까 하는 생각이 들 정도로 참으로 어리석은 선택을 했고, 이것만 봐도 나는 재테크와는 전혀 거리가 먼 사람이었다.

그리고 결과는 참혹했다. 형님과의 연락은 끊겼고, 당연히 돈은 받을 수 없었다. 충격을 받은 나는 경찰서로 달려갔다. 하지만 이체 기록도, 차용증도 없는 상태에서는 아무런 조치도 할 수 없다는 현실만을 확인한 후 터덜터덜 경찰서를 나섰다.

그때 느낀 절망과 사람에 대한 배신감은 이루 말할 수 없었다. 나는 가족들에게 너무나 미안했다. 믿었던 사람에게, 나의 무지함으로 인해 모든 걸 잃어버린 현실 앞에, 스스로를 용서할 수 없었다. 나 자신이 너무 한심했고, 가족의 기대를 저버린 죄책감에 매일 밤 가족들 몰래 눈물을 흘렸다. 그날 밤, 나는 결심했다. '나 같이 멍청한 놈은 이 세상에서 사라지는 게 맞아.'

그러나 나는 한 가지 다짐을 했다. '나 혼자만 사라져야지, 절대 다른 사람을 다치게 해서는 안 된다.' 그렇게 새벽 2시 38분, 사람들이 없는 시간에 조심스럽게 차를 몰고 나갔다. 그리고 주차되어 있던 거대한 쓰레기차를 발견했다. 나는 망설임 없이, 속도계를 130km까지 올렸다.

속도계 바늘이 떨리는 것을 지켜보며, 내 인생의 수많은 장면들이 머릿속을 스쳐갔다. 아이들의 웃음소리, 아내의 따뜻한 미소, 부모님의 기대 섞인 눈빛… 그리고 마지막 순간, 핸들을 꽉 쥐며 눈을 감았다.

쿵! 하는 충격과 함께 에어백이 터지는 소리, 그리고 코를 찌르는 퀴퀴한 화약 냄새. 잠시 후, 창밖에는 깜빡이는 경찰차 불빛이 어른거렸다. 나는 천천히 눈을 떴다. 신기하게도 상처 하나 없이 피한 방울 흐르지 않는 내 몸을 보고, 얼떨떨했다.

'나는 왜 살아남은 걸까.'

처음에는 허탈했고, 무서웠다. 하지만 시간이 조금 지나자 깨달음이 찾아왔다. '죽을 만큼 힘들었고, 죽으려고 한 절박한 마음으로, 이제 죽을힘을 다해 살아야 한다.'

그 순간부터 나는 다시 살기로 결심했다. 더 이상 도망치지 않고, 내 삶을 책임지기로 했다. 그 이후 나는 1년 7개월 동안 말 그대로 죽을힘을 다해 살았다. 하루하루를 버텨내며 빚을 갚아 나갔다. 쉬고 싶어도, 포기하고 싶어도, 내 가족을 생각하며 이를 악물었다. 그리고 결국, 7천만 원의 빚을 모두 갚아냈다.

그 시간은 나를 다시 태어나게 한 시간이었다. 실패와 좌절, 절망을 뼈저리게 경험했지만, 그 모든 것이 지금의 나를 만들었다고 생각한다. 그리고 그 경험 덕분에 나는 누구보다 '살아내는 법'을 아는 사람이 되었다.

　　　　　　　　　　　　　　　　　　　　　　　　N잡러 허니제이 재테크

특히, 당시 힘들었을 때 고등학교 시절 가장 친했던 친구가 조심스레 건넨 도움의 손길은 내 인생에 다시 한번 희망이라는 불씨를 지펴주었다.

혼자서 다 짊어지지 마.”

그 한마디가 내 가슴 깊숙이 박혔다. 그리고 나는 깨달았다. 내 인생은 아직 끝나지 않았다는 것을.

내가 이 이야기를 솔직하게 털어놓는 이유는 딱 하나다. 지금 이 글을 읽는 누군가도, 절망의 끝에서 다시 일어설 수 있다는 것을 전하고 싶어서다. 죽을 만큼 힘들었던 나도 살아냈다. 당신도, 분명히 살아낼 수 있다.

| 회사원에서 자영업자로

회사 생활을 하며 나는 늘 최선을 다했다. 누구보다 열심히 일했고, 상사들에게 인정받으며 커리어를 쌓아왔다. 그러나 어느 날, 내가 존경하던 임원과 팀장님의 책상이 하나둘 빠져나가는 모습을 보게 됐다. 충격이었다. 그렇게 회사에 헌신했던 사람들이 하루아침에 사라졌다. 그 모습을 보며 나는 깨달았다.

‘회사는 내 인생을 끝까지 책임져주지 않는다.’

그 깨달음은 내 영혼을 흔들었다. 그리고 다짐했다. 남의 결정에 내 인생을 맡기지 말자. 내 인생은 내가 책임져야 한다.

'이제는 내 힘으로, 내 이름으로 살아가야 한다.'

남이 만들어 놓은 궤도를 따라가는 삶이 아니라, 나 스스로 길을 만들어 가는 삶을 살고 싶었다. 그러던 중, 문득 PC방 창업이라는 아이디어가 떠올랐다. 게임을 즐기지도 않고, PC방 운영 경험도 없었지만, 친동생이 PC 조립과 컴퓨터를 워낙 좋아했다는 한 가지만 믿고 동생의 도움을 받아 창업하겠다고 마음먹었다. 대신 나는, 영업 경험을 바탕으로 게임 대신 사람을 보고, 사람을 진심으로 대하는 공간을 만들겠다고 결심했다.

처음엔 무모하게 도전했다. 낮에는 회사원이었고, 퇴근 후에는 PC방 사장이었다. 그렇게 약 1년 4개월 동안 회사와 매장을 오가는 고단한 이중생활을 이어갔다. 몸은 지쳤지만, 이런 과정을 통해 내 마음은 점점 단단해졌다. 그리고 마침내 PC방이 자리를 잡기 시작했을 때, 나는 오랜 시간 몸담았던 회사를 스스로 그만두었다.

그 첫 자영업 오픈이 내 인생을 바꿔놓았다. 비록 작은 시작이었지만, 나 스스로 무언가를 일구어낸 경험은 내 삶의 방향을 완전히 바꿔놓기에 충분했다.

특히 코로나 팬데믹 시기에는 수익을 생각하기보다, 사회에 기여할 방법을 고민했다. 사실 나는 빚이 1억이 있으나 1억 100만 원이 있으나 별다를 게 없다는 마인드다. 코로나로 인해 월 5천만 원의 적자가 나나 5천 1백만 원의 적자가 나나 비슷하다고 생각했다.

　　　　　　　　　　　　N잡러 허니제이 재테크

그럴 바엔 비대면 수업이 일상화된 상황에서 집에서 수업을 듣기 어려운 학생들을 위해, 방역 수칙을 지키는 조건으로 PC방을 무료 개방하는 것이 좋겠다고 생각했다. 나는 그 즉시 PC 카메라 여러 대를 구입한 후 내 생각을 바로 실행으로 옮겼다. 이 작은 결심은 많은 사람들에게 따뜻한 울림을 주었고, 누군가가 언론사에 제보까지 하는 바람에 신문에 기사도 나고, 국회의원 표창, 경기도의회 의장 표창까지 받게 되었다. 그러나 나는 거기에 머물지 않았다. 게임을 하지 못하는 핸디캡을 극복하기 위해, 손님들과 더 깊이 연결될 방법을 고민했다. 그래서 20대, 30대, 40대 연령대별로 오프라인 커뮤니티를 만들었다.

20대 손님들에게는 사회 초년생을 대상으로 이력서 및 자기소개서 첨삭을 도와주었고, 30대 손님들과는 회사생활과 커리어 고민을 나누는 술자리를 가졌다. 40대 손님들과는 자영업, 투자, 미래 설계에 대한 진지한 대화 모임을 열어 대화를 나누었다.

이 모임을 통해 법원 직원, 변호사, 법무사, 대기업 직원 등 다양한 인맥을 만나게 되었고, 이 경험은 그 이후 내가 프로 N잡러로 성장하는 데 큰 기반이 되었다. PC방은 단순히 돈을 버는 공간이 아니었다. 그것은 내 가능성을 확장시키는 인생 학교와도 같았다. 그곳에서 나는 사람들과 더욱 긴밀한 관계를 맺고, 세상을 배웠으며, 다시 살아가는 방법을 터득했다.

지금도 기억한다. PC방 오픈 첫날, 오픈하기까지는 울고 싶을 정도로 너무너무 힘들었지만, 막상 오픈을 하고 나니 새벽까지 이어진 손님들의 웃음소리, 그 속에서 느꼈던 다양한 감정들이 내가 다시 살아가는 이유가 되어주었다.

회사원에서 자영업자로 변신하는 것은 결코 쉬운 길이 아니다. 특히 가족을 부양해야 하는 가장의 입장에서는 더욱 그렇다. 하지만 나는 이 길을 선택한 것을 한 번도 후회하지 않았다. 실패할지언정, 스스로 선택한 길이었기에, 그리고 너무나 좋은 사람들을 만나 인생이 바뀌었기에….

나는 확신한다.

회사는 절대 당신 인생을 책임지지 않는다. 언젠가는 스스로 당신 인생을 책임질 때가 온다. 그렇기에 지금부터라도 미리미리 대비하자. 일찍 시작해야 어떤 실패를 겪더라도, 다시 시작할 수 있다. 나처럼 말이다.

부동산 멘토를 만나 인생이 바뀌다

PC방이 자리를 잡아가던 어느 날, 나는 내 인생을 180도 바꿔놓은 한 부동산 멘토를 만나게 되었다. 사실 원래 나는 의심이 많았다. 부동산 업자들은 다 사기꾼이라고 생각했을 정도로 경계심이 심했다. 하지만 이 멘토님을 만나면서 그런 생각이 완전히 바뀌었다.

멘토님을 만나게 된 시작은 아주 우연이었다. PC방 운영을 시작한 지 2년쯤 되었을 무렵, 재계약을 앞두고 임대인과 마찰이 생

 N잡러 허니제이 재테크

졌다. 임대인과 도저히 대화로 해결될 기미가 보이지 않아 문제를 해결하고자 근처 부동산을 찾았고, 그곳에서 지금의 멘토님을 처음 만났다. 나보다 6살이나 어린 여성분이었지만, 법적으로 내 입장이 옳다는 걸 단호하게 설명해주는 모습에 깊은 신뢰와 고마운 마음을 느꼈다. 너무 고마운 마음에 다음 날 음료수를 사들고 다시 찾아갔다. 그리고 그때, 직감했다.

> **"** 이분과 가까워지면 인생이 바뀔지도 모르겠다."

한 마디로 이분과 친해지면 내가 부자가 될 것 같다는 느낌이 들었다. 그 이후로 특별한 일이 없는 한, 올해로 약 9년째 매일같이 그 부동산을 방문하고 있다.

내 예상이 맞았다. 멘토님은 단순한 공인중개사가 아니었다. 여대 컴퓨터공학 전공 출신에 IT 기업 근무뿐 아니라 커피숍 운영 등 다양한 자영업 경험을 거쳐 부동산 경영학 박사 학위까지 취득한 분이었다. 또한 유명 대기업 협력 공인중개사로 활동하며, 경기도 부동산 법률 자문위원을 맡고, 라디오 방송에도 다수 출연하는 등 사회적으로도 인정받는 전문가였다. 게다가 제일 믿음이 갔던 건 단순히 중개만 하는 것이 아니라 투자하는 공인중개사였다는 점.

그런 멘토님 덕분에 나는 인생의 첫 투자를 할 수 있었다. 단돈 900만 원으로 시작한 작은 투자였지만, 2년 만에 투자금 대비 약 1,200% 이상의 수익률을 기록했다. 한 마디로 900만 원을 투자해

2년 만에 1억 2천만 원을 벌었다는 이야기다. 그 첫 성공이 내 삶을 완전히 바꿔놓았다. '투자로 돈을 벌 수 있다'라는 믿음뿐 아니라, '나도 해낼 수 있다'는 자존감까지 얻었다.

그때부터 나는 부동산 공부에 몰입했다. 멘토님의 조언을 하나도 놓치지 않으려고 노력했고, 그렇게 배운 결과 지금 나는 12채의 주택을 소유하게 되었으며, 월세를 통해 안정적인 현금 흐름을 만들었다.

이 경험을 통해 나는 확신하게 되었다. 좋은 멘토를 만나는 것은 인생의 지름길이다. 그리고 나이는 전혀 중요하지 않다. 멘토님은 나보다 어렸지만, 그 누구보다 현명했고, 진심 어린 조언으로 내 인생을 이끌어주었다.

나이를 뛰어넘는 존경과 신뢰는 인생을 바꿀 수 있다. 지금 돌이켜보면, 그 만남이 없었다면 나는 여전히 작은 세계 안에서 허우적거리고 있었을 것이다. 그래서 한편으로는 나에게 함부로 대했던 PC방 임대인에게 감사한 마음도 든다. 누군가를 만난다는 것은 단순히 정보를 얻는 것이 아니다. 때로는 인생 자체가 바뀌는 일이다.

너무나 감사하다. 내 인생에 이런 멘토가 있다는 사실이. 그리고 확신한다. 한 사람의 진심 어린 조언이, 한 사람의 인생을 바꿀 수 있다는 것을.

| 삶의 소중함을 다시 배운 뇌경색 극복기

모든 것이 조금씩 자리 잡아가는 듯했다. 빚을 청산했고, 자영업자로서 기반을 다졌으며, 부동산 투자로 경제적 안정까지 얻게 되었다. '이제는 숨 좀 돌려도 되겠구나' 싶었던 그때, 인생의 고비는 또 한 번 예고 없이 내게 다가왔다.

사실, 그날 저녁 7시 무렵부터 몸에 이상이 느껴졌다. 앞이 조금 흐릿해지고, 어지럼증과 함께 구토를 심하게 했지만, 나는 단순히 피곤한 상태에서 먹었던 저녁식사 때문에 급체한 것이라 생각했다. 기존에 느꼈던 급체 증상과 비슷했기 때문에 대수롭지 않게 넘기고 그냥 잠자리에 들었다.

그러나 새벽 4시경, 소변을 보려고 일어났는데 몸이 더욱 이상했다. 앞이 흐릿하게 보였고, 왼쪽 얼굴에 힘이 들어가지 않았다. 말이 살짝 어눌해졌고, 어지럼증과 구토 증상에 이어, 균형감각 상실까지 동반되었다. 순간, '이건 뭔가 잘못됐다'는 생각이 스쳤지만, 어제 구토를 너무 심하게 해서 그런 걸 거라며 대수롭지 않게 생각하고 다시 누워 잠을 청했다.

하지만 아침이 되어 눈을 떴을 때, 앞이 제대로 보이지 않았고 몸이 휘청거렸다. 이를 본 둘째 딸이 이상함을 느끼고 아내에게 알렸고, 아내는 즉시 119에 신고했다. 그렇게 나는 앰블런스에 실려 대학병원 응급실로 긴급 이송되었다.

응급실에 도착해 CT 촬영을 했고, 의사는 "CT 촬영 결과 이상은 없지만 증상이 너무 명확하다. 이건 분명 뇌에 이상이 있는 것 같다"라며 MRI 촬영을 권했다. MRI 결과는 충격적이었다. 의사는 말했다. "미세한 혈관이 막혔습니다. 뇌경색입니다. 즉시 입원하셔야 합니다. 조금 더 늦었으면 큰일 날 뻔했습니다."

그 말을 들은 순간, 머릿속이 하얘졌다. 평소 건강만큼은 자신하던 나였기에 충격이 더욱 컸다. 곧장 중환자실에 입원했고, 왼쪽 얼굴의 마비와 어눌한 발음, 시야 흐림, 어지럼증, 구토 등 온몸이 이상했다.

담당 교수는 말했다. "왼쪽 편마비 증상은 재활 치료를 꾸준히 받으면 2~3년 내에 서서히 호전될 겁니다." 나는 다짐했다. 살아야겠다고. 건강을 다시 찾고, 지금까지 살아온 인생을 지켜내야겠다고. 그 덕분인지 나는 의사 선생님이 놀랄 정도로 운이 좋게, 약 2개월 반 만에 대부분의 증상을 극복할 수 있었다. 특히 왼쪽 편마비 증상이 사라진 건 담당 의료진조차 놀라워할 만큼 빠른 회복이었다. 나는 알았다. 이건 단순한 회복이 아니라 '다시 살라는 삶의 사인'이었다.

그 이후로 나는 완전히 달라졌다. 건강이 없으면 아무것도 의미가 없다는 걸 절감했다. 그동안 무리하게 달려왔던 삶, N잡을 병행하며 몸을 혹사시켰던 일들을 모두 멈췄다. 뇌경색 이후, 오랜 시간 헤비 스모커였던 나는 담배를 끊었고, 하루 10잔 넘게 마시던 커피도 줄였다. 술도 줄였고, 수면 리듬도 철저하게 바꾸었다.

나는 건강을 지키며, 일과 삶의 균형을 잡아가는 법을 배우고 있다. 이건 단지 병을 이겨낸 이야기만이 아니다. '삶을 다시 설계하는 법'을 배운 이야기다.

혹시 지금 이 글을 읽는 당신이 건강 문제로 두려움을 느끼고 있다면 말하고 싶다.

> "포기하지 마세요. 충분히 회복 가능합니다.
> 삶은 다시 시작될 수 있습니다."

뇌경색은 나에게 인생에서 가장 중요한 한 가지를 가르쳐주었다. 진짜 중요한 것은 돈도 성공도 아닌, 살아 있는 나 자신이라는 것을.

가족이 가장 소중한 이유

인생을 돌아보면, 참 많은 순간이 있었다. 절망도 있었고, 눈물도 있었고, 실패도 있었다. 그러나 그 모든 순간을 버텨내고 다시 일어설 수 있었던 이유는 결국 하나였다.

바로 '가족'.

사랑하는 아내, 그리고 두 딸. 그들의 존재는 내 삶의 원동력이었다. 죽음을 결심했던 그날 밤에도, 나는 가족을 떠올리며 마지막까지 고민하고 또 고민했다. 자영업에 도전했던 불확실한 날들 속에서도, 가족의 얼굴을 떠올리며 이를 악물고 버텼다. 부동산 투자를 공부하며, 뇌경색으로 인한 편마비로 힘들었을 때도, 숱한 고비들을 넘길 수 있었던 것은 모두 가족이 있었기 때문이다.

삶의 변곡점 네 가지를 지나오며 나는 깨달았다. 인생은 생각처럼 흘러가지 않는다. 예기치 못한 사건들은 우리를 무너뜨리기도 하고, 또다시 일으켜 세우기도 한다. 하지만 그 모든 변화를 긍정으로 받아들이고, 앞으로 나아갈 수 있음은 사랑하는 가족이 있기 때문이다.

내가 하루하루를 최선을 다해 살아가는 이유는 단 하나다.

가족과 함께, 행복하게 살기 위해서.

돈도, 성공도, 명예도 결국 가족과 함께할 때 가장 큰 의미가 있다. 그래서 오늘도 나는 사랑하는 아내에게, 그리고 소중한 두 딸에게 부끄럽지 않은 삶을 살기 위해 노력한다. 하루하루를 성실하게 쌓아가고, 사소한 순간에도 감사하며 살아간다.

혹시 이 글을 읽고 있는 당신도 삶에 지쳐 있거나, 힘든 시간을 보내고 있다면 이것만큼은 기억해주었으면 한다. 우리가 견뎌야 할 이유는 멀리 있지 않다. 가장 가까운 곳, 사랑하는 사람들에게 있다. 가족은 우리를 다시 일어서게 하는 힘이다. 그리고 그 사랑은, 모든 아픔을 이겨내게 하는 가장 강력한 에너지가 된다.

40대 중반, SNS로 인생을 다시 쓰다.

In my mid-40s, I'm rewriting my life through social media.

\# SNS

\# 4050

\# 황제임장

\# 퍼널

\# 챌린지

\# 소풍

40대 중반의 평범한 아저씨였던 나는
SNS는 그저 젊은 세대들의
놀이터처럼 느껴졌고,
나와는 거리가 먼 세계라고 생각했다.

사실, 처음엔 SNS에 대한 불신이 컸다.
'SNS는 애들이나 하는 거 아닐까?'
'이게 과연 내 나이에 맞는 일일까?'
하지만 금세 깨달았다.
세상은 변했고, 기회는 나이와 상관없이
열려 있다는 것을.

세상은 빠르게 변하고 있었고, 시대의
흐름에 맞춰 나도 변해야 했다.

N잡러 허니제이 재테크

자세히 뜯어보니 SNS는 단순한 놀이터가 아니었다. 진심이 담긴 아이디어 하나만 있어도 충분히 수익을 만들 수 있는 놀라운 가능성의 공간이었다. 그리고 특히 여기서 4050 세대가 가진 특별한 무기가 빛을 발한다. 바로 '경험'이다. 나는 2030 세대가 아직 겪어보지 못한 다양한 삶의 순간들, 수많은 실패와 도전, 치열했던 생존의 기록들을 가지고 있다. 이 수많은 경험은 세상에 하나뿐인 나만의 콘텐츠가 된다.

내가 살아온 인생 자체가 가치를 담고 있는 이야기이다. 그 이야기 하나하나가 누군가에게는 귀중한 정보가 되고, 또 다른 누군가에게는 큰 위로가 된다. 그렇게 진심으로 경험을 나누다 보면, 그 경험은 자연스럽게 가치가 되고, 결국 돈이 된다. 나는 SNS를 시작하며 화려한 편집을 하지도 않았고, 인기 있는 트렌드를 따라가지도 않았다. 대신 진심을 담았다.

특히, 나는 부동산 투자라는 나만의 경험을 꾸준히 기록하기 시작했다. 그리고 내가 어떤 과정으로 소액 투자를 했고, 어떤 실패와 성공을 겪었는지 솔직하게 풀어냈다. 내 경험은 단순한 지식 전달을 넘어 진짜 살아 있는 이야기였기에, 사람들은 그 안에서 진정성을 느꼈다. 팔로워 숫자는 많지 않았다. 하지만 나는 알았다. 수익화에 필요한 것은 수십만 팔로워가 아니라, 나의 진심을 믿어주는 단 몇 명의 진짜 팬이라는 것을. 진심만 있다면, 그 소수의 팬들이 나를 지지하고, 나를 통해 가치를 얻으며, 함께 성장해줄 것이라는 믿음이 있었다.

그래서 나의 경험, 나의 고민, 나의 도전을 솔직하게 기록했고, 그것이 사람들에게 닿기 시작했다. 사람들은 결국 화려한 스킬이나 테크닉보다, 진심 어린 이야기에 반응했다. 완벽하지 않아도 괜찮았다. 꾸미지 않고 솔직하게 나를 드러낸 것, 그리고 꾸준함…. 그것이 4050 세대인 나를 SNS 세상에서 살아남게 했다.

SNS 수익화는 거창한 무언가를 요구하지 않았다. 나의 이야기, 나의 작은 프로젝트, 나의 진심이 천천히 사람들에게 전해질 때, 그 안에서 자연스럽게 기회가 피어났다. 소통하고, 공감하고, 진심을 보여주면 사람들은 자연스럽게 신뢰를 보내주었다.

4050 세대라고 해서 늦은 것도 아니고, SNS가 어렵다고 해서 불가능한 것도 아니었다. 오히려 우리는 젊은 세대보다 더 깊은 경험과 삶의 무게를 담을 수 있다. 그 경험이야말로 SNS에서 진짜 파워가 된다.

물론 나도 처음에는 시행착오를 겪었다. 팔로워가 늘지 않아 조급해지기도 했고, 아무런 반응이 없는 글을 올리며 좌절하기도 했다. 그러나 꾸준히, 진심을 담아 기록했다. 하루하루를 쌓아갔고, 어느 순간 내 이야기에 귀 기울이는 사람들이 하나둘 늘어나기 시작했다.

> **"** SNS는 기회다.
>
> 단, 그 기회를 잡기 위해서는 변화를 두려워하지 않아야 한다.**"**

변화를 무서워하지 말자. 세상의 흐름을 받아들이자. 그리고 작은 아이디어를 진심으로 실천하자. SNS는 젊은 세대만의 전유물이 아니다. 4050 세대도 얼마든지 도전할 수 있다. 그리고 SNS를 통해 나이, 배경, 환경을 뛰어넘어 새로운 삶을 만들 수 있다.

| 황제임장, SNS 수익화의 첫 실험 프로젝트

SNS를 시작하고 나서, 나는 내 경험을 기록하는 데 집중했다. 그리고 자연스럽게 고민이 생겼다.

'과연 내가 쌓아온 이 경험을 바탕으로 실제 수익화를 이룰 수 있을까?'

'내 나이 40대 중반에, 특별한 기술도 없고, 콘텐츠 제작 능력도 없는 내가 할 수 있는 건 뭘까?'

고민 끝에 내린 결론은 단순했다. '내가 가장 잘 아는 것'을 활용하자! 바로 부동산이었다.

그렇게 탄생한 것이 바로 '황제임장' 프로젝트다. 황제임장은 기존의 부동산 임장 방식에 대한 편견을 깨는 새로운 시도였다. 힘들게 걷지 않고, 차를 타고 이동하며 핵심만 콕 집어 설명하는 임장 프로그램. 내 부동산 투자 경험을 바탕으로, 어떻게 하면 사람들이 더 편하고 효율적으로 현장을 이해할 수 있을지를 고민하며 만든 결과물이었다.

이 프로젝트는 단순한 프로그램이 아니었다. 40대 중반의 내가 SNS를 통해 첫 수익화를 실현해낸 실험적 도전이었다.

황제임장은 초기 가격을 165,000원(VAT 포함)으로 설정했다. 당시 기준으로는 높은 가격대였지만, 소수 정예 운영, 차량 이동 중심, 직접 사전답사라는 차별화된 가치를 내세웠다. 후기를 작성하면 5만 원을 환급해주는 구조로 심리적 허들도 낮췄다.

결과는 놀라웠다. 1차 모집 30분 만에 매진. 2차 모집도 1시간 안에 마감. 이후로도 회차마다 빠르게 마감되며 황제임장은 입소문을 타기 시작했다. 한 달에 2~4회 진행하며, 매월 약 250~330만 원 정도의 꾸준한 수익이 발생했다. 이는 지금도 마찬가지다. 그러나 금액 자체보다 의미 있었던 건, 40대 중반의 나도 SNS에서 직접 수익을 만들 수 있다는 확신이었다.

황제임장은 SNS를 통해 내가 직접 만들어낸 첫 성공 사례였고, '4050 세대도 충분히 SNS로 수익을 낼 수 있다'는 증거였다. 나는 특별한 재능도, 대단한 인맥도 없었다. 그저 내가 살아온 시간을 믿었고, 그 경험을 진심으로 나눴을 뿐이다. 당신도 할 수 있다. 경험은 무기가 되고, 진심은 통한다. 그리고 작은 아이디어는 인생을 바꿀 수 있다.

스레드(부동산 임장의 황제)

| 황제임장, 브랜딩을 완성하다

황제임장을 만들면서 나는 단순히 프로그램 하나를 운영하는 것이 아니라, 나만의 브랜딩을 구축하고자 했다. 처음 '황제임장'이라는 이름을 지을 때 고민을 많이 했다. 어떻게 하면 참가자들이 단순한 부동산 임장이 아니라, 특별한 경험을 하고 간다고 느낄 수 있을까?

고민 끝에 내가 내린 답은 '황제처럼 대접받는 임장'이었다. 부동산 임장은 힘들고 고되다는 기존의 편견을 깨고, 참가자들이 편안하고 여유롭게 부동산 현장을 둘러보면서도 깊이 있는 정보를 얻을 수 있도록 만드는 것. 그래서 '황제임장'이라는 이름을 붙였다.

> 나는 '황제임장'을 여타 프로그램과 차별화하기 위해 몇 가지 원칙을 철저히 지켰다.

첫째, 무조건 4~5명의 소수 정예로만 운영했다. 많은 인원이 몰리면 개별 케어가 어렵고, 정보의 밀도가 떨어진다. 그래서 매 회차 참가 인원을 제한하고, 참가자 한 명 한 명에게 충분한 시간을 들여 설명하고 질문을 받을 수 있도록 구성했다.

둘째, 사전 답사는 기본이었다. 임장 전에 직접 발로 뛰며 현장을 점검하고, 최신 부동산 시장 동향까지 반영한 콘텐츠를 준비했다. 덕분에 참가자들은 어디에서도 들을 수 없는 현장감 넘치는 정보를 얻을 수 있었다.

셋째, 이동의 편안함을 제공했다. 오직 차로 이동하며, 체력 소모 없이 한 지역을 둘러볼 수 있게 프로그램을 설계했다. 덕분에 무더운 여름에도, 추운 겨울에도 참가자들은 쾌적하게 임장을 즐길 수 있었다. 계절에 상관없이 편안한 환경을 제공한 것은 황제임장만의 큰 강점이 되었다.

또한, 소수 정예로 운영했기 때문에 참가자들은 마치 1:1 컨설팅을 받는 듯한 밀착형 케어를 경험할 수 있었다. 각자의 상황에 맞는 질문을 자유롭게 할 수 있었고, 나는 그 질문 하나하나에 맞춤형 답변을 제공했다. 이 개인 맞춤형 접근 방식이 참가자들에게 깊은 만족감을 주었고, 사람들은 황제임장을 단순한 프로그램이 아니라 '프리미엄 투자 컨설팅'처럼 느꼈다.

황제임장 당일, 나는 아침 9시부터 현장에 나와 참가자들을 맞이할 준비를 했다. 웰컴 드링크를 마련하고, 사전에 준비한 임장 보고서를 브리핑하며 참가자들에게 당일 일정을 안내했다.

1부 황제임장이 끝나면 중간 티타임을 가지며 참가자들의 궁금증을 듣고 Q&A 시간을 운영했다. 이어지는 2부 임장까지 마친 후에는 저녁식사를 함께하며 느낀 점을 나눴고, 원하시는 분들과는 자유로운 분위기 속에서 뒷풀이까지 이어갔다.

나는 단순히 하루 프로그램을 제공하는 것이 아니라, 하루 종일 참가자 한 사람 한 사람을 진심으로 대접하고, 그들과 진심으로 소통하고자 노력했다. 그리고 참가자에게 솔직한 황제임장 후기를 받아 모니터링을 하며 계속 프로그램을 발전시켜 나갔다.

이러한 디테일 하나하나가 모여 황제임장은 고가의 임장 프로그램임에도 불구하고 매번 조기 완판을 기록하는 강력한 브랜드가 되었다.

> 나는 느꼈다. 브랜딩은 이름을 만드는 것이 아니라,
> 경험을 만드는 것이다.”

참가자들은 황제임장을 단순한 부동산 투어가 아니라 '특별한 하루, 기억에 남는 투자 공부'로 기억해주었다. 이로써 황제임장은 단순한 수익을 넘어, '허니제이'라는 이름을 사람들에게 각인시키는 강력한 브랜딩이 되었다. 진심을 담아 차별화된 가치를 제공하면, 세상은 반드시 알아본다.

허니제이 황제임장 영상 스토리

허니제이 님 진짜 오늘 너무 감사드립니다. 덕분에 찐 정보들 많이 얻었어요. 귀한 정보 나눠주시고 알려주셔서 너무 감사합니다. 제가 도움이 될 게 있을지 모르지만 제가 도움이 될 게 있다면 언제든지 연락해 주세요!! 뭐든 도와드릴게요. 오늘 진짜 너무 재미있고 귀에 쏙쏙 박히는 임장 투어였어요. 이런 기회가 있어서 너무 오늘 즐거웠습니다! 평생 기억에 남을 것 같아요! 저도 성장해서 도움이 되는 사람이 될게요!!

@sunsang ✔

오늘 좋은 분들과 함께해서 광교 나들이가 엄청 행복했습니다. 하하하 바쁜 시간 속에서 우리 '형님'께서 친절하게 궁금한 거 뭐든 다 대답해 주시고 상황에 맞게 설명해 주셔서 너무 감사합니다. 광교를, 손품을 팔아서 분석하고 몇 번 왔다 갔다 하면서 단순히 살기 좋겠다는 막연한 생각으로만 부동산 임장을 생각했다면 이번 임장 강의를 통해서 많은 경험에서나 오는 투자 노하우들과! 실제 투자를 한 이유를 명확하게 설명해 주셔서 더욱 좋았던 것 같습니다. 앞으로도 잘 부탁드리겠습니다. 남은 주말 행복한 주말 보내시길 바랍니다.

@marketing ✔

후기가 조금 늦었네요! 지금도 광교에서 살고 싶어서 열심히 돈 버는 중입니다! 눈 감고 있으면 광교가 그려져요! 단체 임장이라고 해서 진지하고 너무 복잡하면 어떻게 하냐는 걱정이 있었는데 허니제이 님께서 재밌는 농담도 해주시면서 재밌게 임장할 수 있어서 좋았습니다. 현재 광교의 상황과 호재, 저평가된 물건을 알려주시고 각각의 다른 분위기의 장소와 아파트 금액을 맞추면서 한 번 더 공부하게 되는 계기가 됐습니다! 마지막 광교호수공원은 잊을 수 없네요!

@runnerinn ✔

honey_j_zetech

임장에 대해 이론으로만 공부했었고 가볍게만 다녀봤는데 현장에서 눈으로 직접 보면서 하루 내내 설명해 주시니 이제 앞으로도 어떤 방향성으로 임장해야 하는지 감을 잡은 것 같아 너무 얻은 게 많은 시간이었습니다! 그 시간이 지루하거나 머리 아프지 않게 재밌게 잘 풀어주신 점이 너무 좋았습니다. 광교를 와본 적도 없는 제가 자료로 1차 공부 후 임장까지 다니고 나니 이제 광교는 빠삭해졌어요. 하하 어떤 상황과 스타일을 가진 물건들인지, 어떤 호재가 있는지까지 스토리처럼 엮어서 설명해 주셔서 더 재미있게 다가와서 심각한 부린이에게 너무나 유익했던 시간이었습니다. 너무너무 감사했습니다.

@official ✔

오늘 황제 임장 후기! 처음엔 '그냥 또 그런 강의 아닐까?' 했는데 오늘처럼 비용 이상의 효용을 느낀 적은 처음이었어요. 오늘 임장 덕분에, 부동산에 대한 이해를 넘어서 내 재테크 방향성을 다시 한번 정립할 수 있었어요. 내가 원하는 방향을 찾은 느낌! 개인사업자로서 꾸준한 현금 흐름이 중요한데, 그 부분을 완벽하게 해결해 주셔서 너무 좋았어요! 현실적인 해결책을 찾아주는 강의는 드물죠. 오늘 너무 감사했고, 앞으로도 다양한 지식과 경험을 배우고 싶어요! 계속해서 성장할 수 있도록 도와주실 수 있는 허니제이님의 황제 임장 꼭 경험해 보세요!!

@trippie.bri ✔

사실 처음에는 긴가민가했습니다. 다른 사람들처럼 인플루언서의 유명세만 이용하는 그런 강의는 아닐까 생각했었습니다. 지금까지 정말 많은 강의를 들었고 비용도 많이 지불했음에도, 오늘처럼 뿌듯하고 비용 이상의 효용을 느낀 건 처음인 것 같습니다. 개인사업자인 저는 꾸준하고 일정한 현금 흐름에 대한 갈망이 컸는데, 그 부분이 깔끔하게 해결되어 너무나 좋았습니다. 오늘 너무 감사했습니다.

@estate ✔

honey_j_zetech

사실 나는 '퍼널'이라는 단어조차 몰랐다. 마케팅 전문가들이나 아는 개념이라고만 생각했고, 내 삶과는 전혀 상관없는 이야기라고 여겼다. 나는 그저 팔로워들에게 어떻게 진심을 전달할 수 있을지, 어떻게 하면 도움이 되는 콘텐츠를 만들 수 있을지를 고민하며 프로그램을 기획했다.

그 첫 시작은 개별적인 프로젝트들이었다. 경제신문 읽기 챌린지, 소풍 강의, 황제임장, 그리고 1:1 컨설팅 등. 처음엔 각각 따로 진행되던 활동이었지만, 사람들의 요청과 반응에 따라 점차 하나의 구조로 이어지기 시작했다. 그렇게 나는 퍼널이라는 개념조차 모른 채, 사람의 니즈에 따라 하나하나 시스템을 만들어갔고, 그 결과 이 구조는 나에게 안정적인 수익을 가져다주는 퍼널이 되었다.

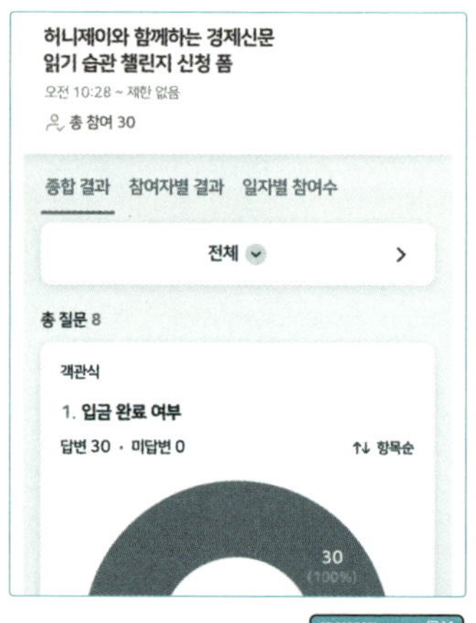

가장 먼저 시작한 것은 경제신문 읽기 챌린지였다. 단순히 신문을 읽는 활동이 아니었다. 참여자들은 매일 기사 한 편을 읽고 단톡방에 느낀 점을 공유했고, 나는 하나하나 직접 1:1 피드백을 달았다. 진심을 다한 이 챌린지는 매

경제신문 읽기 습관 챌린지 신청 문의

처음에는 낯설게만 느껴졌던 경제 신문을 허니제이님의 친절한 가이드와 꿀팁 덕분에 재미있게 시작할 수 있었던 기억이 아직도 생생합니다. 매일 바쁜 일상 속에서도 시간을 내어 신문을 읽게 되었고, 이제는 신문에 어떤 내용이 실릴지 궁금해하며 즐기고 있습니다. 한 달이라는 짧은 시간 동안 신문 읽기는 재미있는 취미이자 여가 시간을 보내는 휴식과 같은 존재가 되었습니다. 딱딱한 공부처럼 느껴졌던 경제 신문 읽기가 이제는 커피 한 잔과 함께하는 힐링 습관으로 자리 잡았습니다. 유익하고 즐거운 습관을 만들어주신 허니제이님과 동료분들께 진심으로 감사드립니다.

@acedurrani ✔

와 벌써 한달이라니 ..처음엔 막막하게 신문을 폈다면지금은 조금씩은 당연하게 신문을 펴고숙제가아니라 재미있는 기사들도 찾아보며 재미가 붙는건 확실한거같아요어려운 기사는 다른분들의 의견과허제님의 답글까지 같이 보며아 이럴수고있겠구나 이런내용이었구나 하면서 정리하고 머리에 들여오는 시간까지 되어 너무좋아요저는 평소에 경제 얘기를 누가 하게 되면아는 게 없어서 입을 닫고 있는 편인데최근에 누가 제가 신문에서 읽은 기사 내용을 주제로 꺼냈을 때 피하지 않고 함께 얘기할 수 있어서 너무재밌더라구요 !!!!!

@lawyer ✔

신문 읽기 챌린지가 아니었다면 귀찮아서 안 읽었을 것 같지만, 매일 읽어야겠다는 생각으로 한 달을 하니 이제는 대략 시간이 얼마나 걸리는지 감도 오고 실제로 주식이나 투자에 적용도 해보니 재미있는 것 같습니다! 좀 더 습관이 되도록 노력해야겠어요. 그리고 챌린지 글을 쓰면서 허니제이 님의 답변도 은근히 기다려지는 포인트입니다.

@elbow ✔

  honey_j_zetech  

일경제신문 측과의 협업으로 이어졌고, 마침내 챌린지 참여자에게 매경e신문 무료 구독 서비스를 제공하는 제휴까지 성사되었다. 소액이긴 하지만 이 챌린지를 통해서도 매월 200만 원 이상의 안정적인 수익이 창출되고 있다.

이후 챌린지 참여자 중 일부는 "경제는 알게 되었는데, 이제 부동산은 어떻게 해야 할까요?"라는 질문을 주었고, 그렇게 자연스럽게 '소액 투자로 부동산 풍차 돌리기', 줄여서 '소풍' 프로젝트가 시작되었다. 단순한 강의가 아니라, 수강 전에 1:1 전화 상담을 진행해 각자의 상황에 맞는 방향을 먼저 잡아주는 맞춤형 컨설팅식 접근이었다. 이 진정성 있는 방식은 높은 만족도를 이끌어냈고, 클래스101과의 정식 계약, 초중고 교사 대상 경제연수 강연, 경기도 주관 부동산 특강 등으로 확장되었다. 소풍 프로젝트를 통해서는 매월 200~300만 원 이상의 안정적인 수익이 발생하고 있다.

그다음 이어진 것은 황제임장이었다. 기존의 부동산 임장은 무조건 많이 걸어야 한다는 고정관념이 있었다. 나는 그 편견을 깨고 싶었다. 앞서 언급했듯, 여름에도 겨울에도 쾌적하게 참여할 수 있는 차량 이동 중심의 임장을 만들었고, 사전답사를 철저히 하여 핵심 정보만 콕 짚는 프로그램

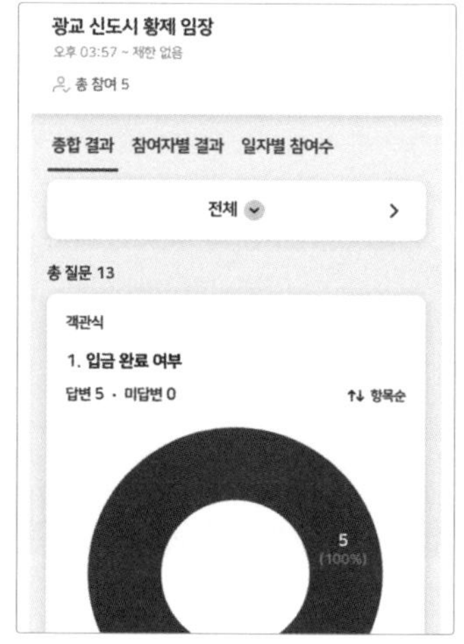

소풍(소액 투자로 부동산 풍차 돌리기) 후기

125.7k Tweets

2일 동안 소풍 4기 강의를 들으면서 제가 모르는 것들이 너무 많아 상담을 더 받아보고 싶었는데, 어제 수업이 끝나고 오늘 소득과 지출 내역을 정리해 다시 한번 상담을 받았습니다. 우선 제 예적금, 지출 등을 꼼꼼히 물어봐 주시고 이야기를 나누면서 삶에 대한 이야기도 나눴습니다. 결혼 계획이나 목표 등도 면밀하게 물어봐 주시고 살펴봐주시면서 상담을 진행하시더라고요. 아직 얼굴 한번 뵌 적 없는 분에게 제 삶에 대해 이야기하고 있다는 게 신기하기도 했지만, 한편으로는 막막했던 부분들을 이분과 함께라면 도전해볼 수 있겠다는 생각이 들었습니다.

@jutiful ✔

허니제이 님의 부동산 강의는 무려 120장이 넘는 슬라이드로 시작되었는데, 혹시 수강생들이 이해하지 못하는 부분이 있을까 봐 배려하는 모습이 인상 깊었습니다. 오피스텔이 청약에 영향을 미치지 않는다는 점을 처음 알게 되었고, 소액으로도 충분히 수익을 낼 수 있다는 것을 알게 된 점도 좋았습니다. 특히 풍차 돌리기를 오피스텔에 적용하여 알려주셔서 큰 도움을 받을 수 있었습니다. 강사님으로 모실 기회가 제게 주어진 것이 너무나 감사한 시간이었고, 소중한 강의에 진심으로 감사드립니다. 목표 세우기부터 바로 실천해보겠습니다.

@lulupick ✔

소풍 강의 수강 후 허제님의 부동산 투자법이 더 궁금해져서 신청했던 임장이었는데 이론 - 실습으로 체득할 수 있었던 것 같아너무 좋았습니다. 특히 광교 지역에 대해 빠삭하게 알고계셔서 어떤 질문이라도 다 속 시원히 해결해주셔서 좋았습니다. 앞으로의 제 부동산 포트폴리오를 꾸리는데 큰 도움이 되었어요. 유쾌한 허제님 덕분에 분위기도 딱딱하지 않게 재밌게 임장잘 했습니다. 감사합니다 허니제이님 ~~~!

@mayapple ✔

GIF

honey_j_zetech

을 기획했다. 또 소수 정예 운영으로 참가자 한 명 한 명이 1:1 컨설팅을 받는 듯한 세심한 경험을 하도록 구성했다. 이 차별화된 구조 덕분에 황제임장은 빠르게 입소문을 타며 내 이름을 사람들에게 알리기 시작했고, 새로운 수익원으로 자리를 잡았다.

이후 일부 수강생은 더 깊은 개인 컨설팅을 요청했고, 이는 또 다른 수익화 모델로 확장되었다. 현재 나는 1:1 전화 상담의 경우 1시간에 11만 원, 오프라인 상담은 2시간에 22만 원을 받고 진행하고 있다. 물론, 실제로는 공지된 시간보다 훨씬 더 많은 시간을 들여 진정성을 가지고 상담을 진행하고 있고, 그로 인해 상담을 받은 분들의 만족도 역시 매우 높다.

경제신문 챌린지 → 소풍 강의 → 황제임장 → 1:1 컨설팅. 이 흐름은 누군가의 니즈에 진심으로 응답하면서 자연스럽게 이어진 '선순환'이자, 나에게 안정적인 수익 구조를 만들어준 퍼널이 되었다. 어느 날 한 후배가 이 흐름을 보며 말했다. "형님, 이거 완전 퍼널이에요." 그제서야 나는 알았다. 퍼널이란 복잡한 전략이 아니라, 사람과의 진심 어린 연결이 만든 결과라는 것을.

나는 퍼널이라는 단어조차 몰랐던 40대 중반의 아저씨였다. 그저 누군가에게 도움이 되길 바라는 마음으로 하나하나 실천해왔을 뿐이다. 그리고 그 많은 시간들은 지금의 나를 만들었다. 4050 세대도 퍼널을 만들 수 있다. 필요한 것은 화려한 기술이 아니라, 단 한 사람에게 진심을 전하려는 마음이다. SNS는 콘텐츠 플랫폼이 아니다. 진심을 담은 퍼널을 설계할 수 있는 가장 강력한 도구다.

| 고객을 팬으로 만드는 전략, 결국 진심이었다

지금까지 내가 해온 SNS 활동과 수익화 과정을 되돌아보면, 하나의 공식이 보인다. 그건 마케팅 기술도 아니고, 콘텐츠 기획 능력도 아니었다. 바로 '진심'이었다. 나는 고객을 팬으로 만들기 위해 어떤 전략적인 로드맵을 그린 적이 없다. 단지, 내가 할 수 있는 일을 진심으로 해왔을 뿐이다. 황제임장에서도, 소풍 강의에서도, 항상 중심에 있었던 건 '이 사람이 진짜 원하는 게 뭘까?'를 고민하는 마음이었다.

SNS를 통해 많은 사람들을 온·오프라인에서 만났고, 그들 중 일부는 내 고객이 되었고, 또 어떤 이들은 시간이 지나면서 나의 열혈 팬이 되어주었다. 그 비결은 오직 '진정성'에 있었다. 내가 쓰는 글, 내가 만드는 프로그램, 내가 전하는 피드백 하나하나에 진심을 담았고, 그것을 느낀 사람들은 나를 단순히 팔로워 수가 많은 인플루언서가 아닌, '신뢰할 수 있는 사람'으로 여겨주었다.

그리고 나는 오프라인 만남도 주저하지 않았다. 온라인으로 쌓인 신뢰를 오프라인에서도 이어가고 싶었다. 그래서 직접 만났다. 커피 한 잔 나누며 진솔한 대화를 나누기도 했고, 술 한잔하며 때로는 형이나 오빠로, 때로는 삼촌으로, 때로는 선생님으로, 때로는 친구처럼 이들에게 자연스레 다가갔다. 어떤 이들에겐 뼈 때리는 조언을 아끼지 않았고, 어떤 이들에겐 진심 어린 공감으로 마음을 어루만졌으며, 때로는 내가 가진 인맥을 통해 새로운 인간관계를 연결해주기도 했다.

그렇게 나는 단순히 정보를 주는 콘텐츠 제작자가 아니라, 사람의 삶에 긍정적인 영향을 주는 '관계자' '연결자'가 되어갔다. 인플루언서란 단순히 팔로워가 많은 사람이 아니다. 사회의 흐름을 바꾸고, 누군가의 인생에 긍정적인 영향을 미치는 사람, 나는 진심으로 그런 인플루언서가 되고 싶었다. 그리고 부족하지만 나는 지금도 꾸준히 노력하고 있다.

고객을 팬으로 만드는 전략? 그건 기술이 아니라 태도다. 계산이 아니라 관계다. 그리고 그 중심에는 반드시 '진심'이 있어야 한다.

월 4,000만 원?
진정성 없이는
안 된다.

40 million won a month?
It won't work without sincerity.

\# 배신감

\# 결심

\# 자영업

\# 멘토

\# 건강

그들과의 상담은 단순한 정보 전달이
아닌, 마음의 연결이었다.

신기하게 들릴 수도 있지만, 상담 신청자
들 중 부동산에 대한 고민을 갖고 있는 분
은 적었다. 오히려 우울증, 진로 고민, 퇴
사와 이직, 결혼과 이혼, 육아 문제,
인간관계, 법률 분쟁, 보험 문제까지
삶의 구석구석에서 사람들이 흘려보낼 수
없는 고민들을 안고 나에게 연락을 준 분
들이 많았다.

어떤 문제는 내가 겪어본 일이었기에
경험에서 답을 줄 수 있었고,
또 어떤 문제는 내가 직접 다 알 수는
없기에 주변에 있는 법률 전문가,
보험 전문가 등 나의 인맥을 총동원해
그 사람에게 필요한 연결을 만들어 줬다.

| '인생무상' 무료 상담 카카오톡방의 비밀

2023년 10월 중순, 내 삶은 다시 한번 깊은 골짜기를 지나야 했다. 갑작스럽게 찾아온 뇌경색. 왼쪽 얼굴의 편마비, 어눌해진 말투, 어지럼증 등으로 한동안 아무것도 할 수 없는 상태가 되었다. 주치의 교수님은 나에게 이렇게 말했다.

"재활을 열심히 하면 2~3년 뒤에 조금씩 나아질 수 있을 겁니다." 하지만 감사하게도, 나는 단 두 달 반 만에 극적인 회복을 했다. 그 사실에 놀란 교수님은 내게 농담 섞인 진심을 건넸다.

"전생에 좋은 일 많이 하셨나 봐요."

나는 멋쩍게 웃으며 대답했다.

"그런 적 없는데요."

교수님은 조용히 한마디를 더했다.

"그럼 지금부터라도 착하게 사세요. 이건 정말 큰 행운입니다."

그 말은 단순한 농담이 아니었다. 내 인생의 방향을 완전히 바꿔놓은 한 줄의 강력한 메시지였다.

'어떻게 사는 것이 착하게 사는 걸까?'

나는 10개월 가까이 고민했고, 결국 이런 결론에 도달했다. 내가 살아온 40년이 넘는 시간 동안 겪었던 시행착오와 경험을 나눠서 누군가의 인생이 조금이라도 덜 아프고, 덜 힘들 수 있도록 돕는 것. 그게 지금 내가 '착한 삶'을 사는 방법이라고 생각했다.

그렇게 2024년 11월 1일, '인생무상'이라는 이름으로 무료 인생 고민 상담소를 열게 되었다. 카카오톡 1:1 채팅으로 신청을 받고, 나는 매번 직접 상담자에게 전화를 걸었다. 하루 2~3명, 많게는 8명까지도. 1인당 평균 1시간 이상, 길게는 2시간 가까이 통화를 하며 그들의 이야기를 들었다. 놀랍게도 시간이 지나면서 국내뿐 아니라 싱가포르, 프랑스 등 해외에 거주하는 교포분들로부터도 상담 요청이 들어오기 시작했다. 시차를 조율해가며 이분들과도 진심을 다해 통화 상담을 이어갔고, 어떤 경우는 외로움에 지쳐 울먹이는 목소리를 들으며 함께 울기도 했다.

> **그들과의 상담은 단순한 정보 전달이 아닌,
> 마음의 연결이었다."**

신기하게 들릴 수도 있지만, 상담 신청자들 중 부동산에 대한 고민을 갖고 있는 분은 적었다. 오히려 우울증, 진로 고민, 퇴사와 이직, 결혼과 이혼, 육아 문제, 인간관계, 법률 분쟁, 보험 문제까지 삶의 구석구석에서 사람들이 흘려보낼 수 없는 고민들을 안고 나에게 연락을 준 분들이 많았다.

어떤 문제는 내가 겪어본 일이었기에 경험에서 답을 줄 수 있었고, 또 어떤 문제는 내가 직접 다 알 수는 없기에 주변에 있는 법률 전문가, 보험 전문가 등 나의 인맥을 총동원해 그 사람에게 필요한 연결을 만들어 줬다. 그들은 내게 "이런 상담은 처음이었다"고 말하곤 했다. 단순한 해답이 아니라, 마음 깊숙이 들어오는 공감이 느

늦었지만 허니제이님 전화 상담 후기를 남깁니다. 고민은 많은데 혼자 해결하기는 어렵고 답답해서 허니제이님께 상담을 요청했어요. 바로 전화 주실 줄은 몰랐는데, 전화 주시고 너무 친절하게 이야기도 잘 들어주셔서 정말 감사했습니다. 해결 방안을 제시해 주셨지만, 결국 선택은 제 몫이기에 큰 도움을 주지 못해서 미안하다고 하셨지만, 저는 따뜻한 위로와 격려가 필요했던 것 같아요. 허니제이님의 진심 어린 공감과 위로 덕분에 힘내서 다시 열심히 살아보려고 합니다.

@sunsang ✔

안녕하세요! 오늘 상담받은 KYLIE입니다. 단톡방 인원 수가 너무 많아서 상담 매칭은 당연히 안 될 거라고 생각했는데, 웬걸, 상담 매칭이 되었더라고요. 혹시 저처럼 생각하며 눈치 보고 있는 분들이 있다면 허니제이님의 친절한 안내처럼 편하게 상담 요청해도 된다는 점을 말씀드리고 싶네요! 저는 과한 소비 패턴 때문에 개인 재무 상담을 신청했고, 1시간 동안 통화하며 상담을 받았는데요. 솔직히 누군가의 이야기를 들어주는 행위는 감정, 시간 소모가 커서 결코 쉬운 일이 아니라는 것을 아실 겁니다. 이렇게 긴 시간 동안 사적인 이야기까지 들어주시면서 조언해주신 점, 정말 감사드립니다!

@marketing ✔

저도 월세 받는 임대인이 되고 싶다는 막연한 생각에 무엇부터 시작해야 할지 몰라 질문조차 망설였는데, 이번에 큰 마음먹고 연락을 드렸습니다. 상담 내용은 고민했던 것이 무색할 정도로 알찼고, 30분이 넘는 시간 동안 제 상황에 맞는 구체적인 플랜을 세워주셔서 감사했습니다.

@runnerinn ✔

honey_j_zetech

허니제이 님께 1:1 상담을 요청하여 방금 통화로 상담을 진행했는데, 인스타그램 게시글에서 느꼈던 열정과 진심 어린 마음이 느껴져서 너무 감동했습니다. 각박한 세상에 타인의 삶에 이렇게 진정 어린 마음으로 이야기해 주는 분이 얼마나 될까요. 정말 감사했습니다. 의심이 많은 성격이라 쉽게 문을 두드리지 못했는데, 저와 같이 걱정되시는 분들은 걱정 마시고 상담받아 보세요. 저는 이사 고민, 부동산 공부 방법 등을 문의했고 1시간이 넘는 시간 동안 냉철한 조언 덕분에 배운 점이 많아 전화 상담을 받지 않았더라면 큰일 날 뻔했다는 생각이 들었습니다! 귀한 시간 내주셔서 정말 감사합니다.

@official ✔

허니제이님을 알게 된 지 3달 정도 되었는데, 그 사이에 정말 많은 변화가 있었어요. 저는 잘못된 부동산 투자 때문에 골머리를 앓고 있었는데요. 허니제이님과 상담 후 말씀해 주신 대로 실행했더니 한 달도 안 되어 부동산 문제가 해결되었답니다. 부동산에 관심 있으신 분들은 아시겠지만, 요즘은 거래가 활발한 곳만 활발하고, 그렇지 않은 곳은 분위기가 좋지 않아요. 특히 잘못된 물건일수록 그 정도가 더 심각하죠. 잘못된 투자를 해결한 후에도 허니제이님과 주기적으로 연락하며 N잡에 대해 고민하고 소풍 강의도 들었어요. 그 이후 저에게는 N잡이 생겼고 새로운 투자 기회도 얻게 되었답니다.

@trippie.bri ✔

솔직히 카톡으로 답장 주실 줄 알았는데, 직접 전화로 궁금한 점들을 세세하게 답변해주셔서 감사합니다. 덕분에 고민이었던 투자 방향 설정에 대한 명확한 가이드를 얻어 큰 도움이 되었습니다. 아직 투자 초보라 아는 것이 별로 없었는데, 초보 때부터 방향 설정의 중요성과 공부 방법, 실제 투자로 현금 흐름을 창출한 사례 등을 통해 자금 활용 방안을 더 명확히 할 수 있었습니다.

@estate ✔

honey_j_zetech

껴졌다고 했다. "왜 돈도 안 받고 이렇게까지 해주세요?"라고 묻는 이들에게 나는 웃으며 말했다.

"살아있는 게 감사해서요. 제가 받은 것을 누군가에게 돌려드리는 중이에요."

'인생무상'은 어느새 특별한 브랜드가 되었다. 그저 무료 상담이 아니라, 진심을 전하고 사람과 사람 사이의 온기를 다시 확인하는 시간. 내가 주는 것이 아니라, 오히려 내가 더 많은 것을 받는 시간이었다. 나는 그 상담들에서 매일 인생을 배우고 있다. 진심으로 누군가를 대하면, 그 마음은 반드시 전해진다는 걸 매번 느낀다. '인생무상'은 내 두 번째 인생의 시작이자, 사람을 잇고 삶을 바꾸는 진짜 브랜딩이었다.

무료로 시작해 유료로 연결하는 역발상

많은 사람들이 나를 보면 'SNS로 수익을 냈다'는 부분에 주목한다. 하지만 내가 진심으로 자랑하고 싶은 건 '처음부터 수익을 생각하지 않았다'는 점이다.

모든 시작은 무료였다. 그저 돕고 싶었고, 누군가에게 도움이 되는 사람이 되고 싶었다. 뇌경색이라는 인생의 고비를 넘긴 후 나는 '착하게 사는 방법'을 고민했고, 그 첫 실천으로 시작한 것이 바로 인생고민 무료 상담소 – 인생무상이었다.

1:1 전화 상담을 통해 사람들의 삶의 이야기를 듣고, 공감하고,

함께 해답을 찾아가며, 나는 그들과 마음으로 연결되기 시작했다.

그리고 시간이 지나자 이런 반응이 생겼다.

"선생님, 혹시 경제도 알려주실 수 있나요?"

"재테크는 어떻게 시작해야 하죠?"

그래서 시작한 것이 경제신문 읽기 습관 기르기 챌린지였다. 솔직히 말하면 첫 시작은 수익과는 거리가 멀었다. 하지만 그 챌린지를 통해 사람들은 뉴스 읽는 습관을 만들었고, 세상 돌아가는 흐름을 이해하게 되었고, 자연스럽게 부동산 투자에 대한 관심으로 이어졌다. 그렇게 조금씩 알려지며 챌린지 참여자들이 늘어나기 시작했고, 이로 인해 소소하게 수익이 발생하기 시작했다.

경제신문 챌린지 참여자 중 일부는 나에게 이렇게 물었다.

"부동산 강의는 안 하세요?"

그렇게 자연스럽게 강의를 시작하게 되었고, 강의를 들은 사람 중에는 "현장도 함께 가보고 싶다"는 요청을 해왔는데, 그것이 황제임장이라는 브랜드형 임장 프로그램으로 확장되었다. 그리고 그중 일부는 "좀 더 깊은 조언을 받고 싶어요"라는 니즈를 표현했다. 그걸 계기로 1:1 부동산 컨설팅까지 시작하게 되었다.

심지어 지금은 잠시 쉬고 있지만, 이 과정을 통해 신뢰가 형성된 사람들 중 희망자에 한해 나의 이름을 걸고 만든 '허니제이 사업가 모임'에 초대해 사람과 사람을 연결하는 네트워킹을 통해 새로운 관계를 만들어 주었다.

이 모든 과정은 처음부터 계획한 것이 아니었다. 누군가를 위한 작은 도움 하나를 시작으로, 그 사람의 변화와 요청에 따라 하나씩 하나씩 자연스럽게 이어진 연결 고리였다. 나는 이 흐름을 '퍼널'이라고 부르지 않는다. 그저 사람을 향한 진심이 만든 선순환이었다. 무료로 시작해서 유료로 이어지는 구조는 전략이 아니라 관계의 결과였다. 사람들은 단지 상품을 소비하는 것이 아니라, 신뢰할 수 있는 사람의 손을 잡고 싶었던 것뿐이었다. 그리고 나는 그 손을 놓지 않았다.

부동산 상담은 결국 인생 상담

'인생무상' 무료 상담소를 운영하면서, 나는 참 많은 사람들의 이야기를 들었다. 처음엔 단순히 인생 고민을 나누기 위한 공간으로 시작했지만, 시간이 지날수록 점차 '부동산 상담' 문의도 늘기 시작했다. 그런데 이상하게도, 그 부동산 상담 속에는 언제나 사람의 인생 이야기가 함께 담겨 있었다.

"내 나이에 투자해도 괜찮을까요?"

"이혼 후 혼자 아이를 키우고 있는데, 전세로 이사해야 할 것 같아요."

"직장을 그만두고 퇴직금으로 새로운 일을 시작하려는데, 도움을 받을 수 있을까요?"

사람들이 던지는 질문은 부동산이라는 형식을 띠고 있었지만, 실상은 삶의 무게, 두려움, 갈림길에서의 고민들이었다. 그때 문득 깨달았다.

부동산 상담도 결국 인생 상담이구나.”

그래서 나는 상담을 할 때, 처음부터 아파트 시세나 입지 분석 같은 이야기를 꺼내지 않는다. 그 사람이 어떤 삶을 살아왔는지, 지금 어떤 상황에 처해 있는지를 먼저 묻는다. 그리고 그 마음의 결을 따라 함께 이야기한다. 어떤 분은 50대 초반, 인생 2막을 준비하며 소액 투자를 고민했고, 어떤 분은 다문화 가정에서 자녀 양육을 걱정하며 안정적인 거처를 찾고 있었다. 그럴 때마다 나는 전문가라기보다, 인생의 동행자가 되려고 노력했다.

나는 형처럼, 삼촌처럼, 혹은 친구처럼 그들의 말을 경청했다. 감정이 북받쳐 우는 분과는 같이 울었고, 답답함에 지친 분에게는 내가 겪었던 시행착오를 솔직히 털어놓았다. 그렇게 나는 하나하나 들어가며 이들의 삶의 방향성을 설정해 주기 시작했다. 그리고 그 과정에서 확신하게 되었다. 사람들은 정보를 원하기 전에 공감과 이해를 먼저 원한다는 것. 그래서 나는 지금도 상담을 ‘케어’라고 부른다. 단순한 정보 전달이 아닌 마음을 돌보고 삶의 방향을 함께 고민하는 일이라 생각하기 때문이다.

나는 지금도 상담을 할 때 작은 노트북을 켠다. 이름, 나이, 가족 상황, 고민의 본질, 말의 맥락을 빠짐없이 적는다. 그리고 그 안에서 가장 현실적인 해결책을 함께 찾아간다.

사람들은 나에게 “이렇게까지 제 말을 자세히 들어준 건 처음이에요”라고 말한다. 나는 그때마다 마음속으로 되뇐다. 내가 듣고 있는 건 부동산 이야기가 아니라, 한 사람의 인생 스토리 그 자체이구나. 그렇다. 부동산 상담은 결국, 사람을 케어하는 일이다.

인생무상(인생고민 무료 상담소)

| Giver Mind, 먼저 주는 사람 되기

많은 사람들이 말한다.

"어떻게 하면 돈을 벌 수 있나요?"

"어떤 콘텐츠를 올려야 반응이 좋을까요?"

"수익화를 위해 무엇부터 시작해야 하나요?"

하지만 나는 생각한다. 그 어떤 전략보다 먼저 갖춰야 할 건 바로 '마음가짐'이다. 그중에서도 핵심은 단 하나, 내가 먼저 주는 사람, Giver가 되는 것.

나는 '받기 위해' 움직이지 않았다. 내가 가진 경험, 내가 알고 있는 정보, 내가 살아오며 느꼈던 감정과 깨달음을 그저 나눠주고 싶었다. 그리고 그것이 내 SNS, 블로그, 인스타그램, 스레드의 시작이었다. 그중에서도 가장 대표적인 사례가 바로 '인생무상' 상담소다. 누구 하나 돈을 지불하지 않았지만, 모두가 값진 시간이었다고 말한다. 나 역시 똑같이 느꼈다. 나눔은 결코 손해가 아니며, 먼저 주는 행위는 반드시 돌아온다는 것을.

황제임장, 소풍 강의, 부동산 컨설팅, 사업가 모임까지…. 이 모든 흐름의 시작점도 사실은 '무료'였고, '도움'이었다. 처음엔 그저 도와주고 싶어서 시작했던 일들이, 하나둘씩 신뢰를 쌓으며 누군가에겐 강의로, 누군가에겐 실전 투자로, 또 누군가에겐 컨설팅과 네트워킹으로 이어졌다. 나는 계획하지 않았다. 하지만 Giver Mind로 움직였기에 자연스럽게 선순환이 만들어졌다. 물론 이런 과정 속에서 '계산하지 않기'는 생각보다 어렵다. 노력한 만큼의 반응이 없을 때, 시간을 들였지만 성과가 보이지 않을 때 사람은 흔들린다. 나도 그랬다.

하지만 그때마다 스스로에게 물었다.

> **"지금 나는 진심으로 움직이고 있는가?"**

이 질문에 "그렇다"는 확신이 들면, 나는 흔들리지 않았다. 세상은 알고 있다. 누가 진짜 마음으로 움직이는 사람인지, 누가 표면적으로만 좋은 사람인 척하는지를. Giver는 결국 사람의 마음을 얻는다. 그리고 그 마음은, 돈으로 살 수 없는 가장 강력한 자산이 된다.

나는 지금도 준다. 정보를, 공감을, 연결을. 그 대가가 돌아오지 않더라도, 언젠가는 반드시 다른 방식으로 돌아온다는 걸 확신한다. 진정한 수익화는 계산된 거래가 아니라, 진심 어린 나눔에서 시작된다.

| 고객을 '케어'하는 사람만이 오래간다

돌이켜 보면, 내가 지금까지 걸어온 길은 화려한 전략이나 치밀한 설계의 결과가 아니었다. 오히려 '어떻게 더 잘 팔까'보다 '어떻게 더 잘 도와줄 수 있을까'를 고민했다.

'인생무상' 상담소는 내게 '케어'라는 개념을 새롭게 정의하게 해주었고, 사람을 이해하는 방법을 알려주었다.

그 과정에서 나는 주어진 기회를 수익으로만 보지 않았다. 경제 신문 읽기 챌린지, 부동산 강의, 임장 프로그램, 컨설팅, 사업가 모임까지. 모든 시작은 도움을 주기 위한 마음에서 비롯되었다. 그리고 이 일련의 흐름은 모두 자연스러운 선순환으로 이어졌다. 누군가는 경제신문 읽기를 통해 정보 감각을 키웠고, 누군가는 부동산 강의를 통해 투자 감각을 키웠으며, 또 누군가는 임장과 컨설팅을 통해 실전 경험을 쌓아갔다.

그 과정 하나하나에서 나는 'Giver Mind', 즉 먼저 주는 사람의 자세를 잃지 않으려 했다. 계산하지 않고, 기대하지 않고, 진심을 담아 다가간 것. 그것이 오히려 나를 가장 멀리, 그리고 가장 깊게 이끌어준 원동력이었다.

> 사람들은 결국 진심을 알아본다."
>
> "그 진심은 브랜드가 되었고, 관계가 되었으며, 수익이 되었다."

하지만 그 무엇보다 값졌던 건, 내가 누군가에게 도움이 될 수 있다는 사실 자체였다.

나는 지금도 여전히 무언가를 팔기보다는 누군가를 돕는다. 어떤 고객은 내 강의를 듣고도 다시 상담을 요청한다. 그럴 땐 나는 또다시 귀를 기울인다. 사람은 정보를 찾는 것이 아니라, 관계를 찾는다. 그리고 그 관계를 유지해주는 힘은 진심이다.

팔기보다 돕는 것. 전략보다 마음을 앞세우는 것. 나는 그렇게 내 브랜드를 쌓아왔다. 그리고 그것이 월 수천만 원의 수익보다 더 소중한 자산임을 믿는다. 당신도 할 수 있다. 계산하지 말고, 먼저 도와줘라. 그 진심이 결국 당신을 성장시킬 것이다.

| 허니제이의 가치 사다리

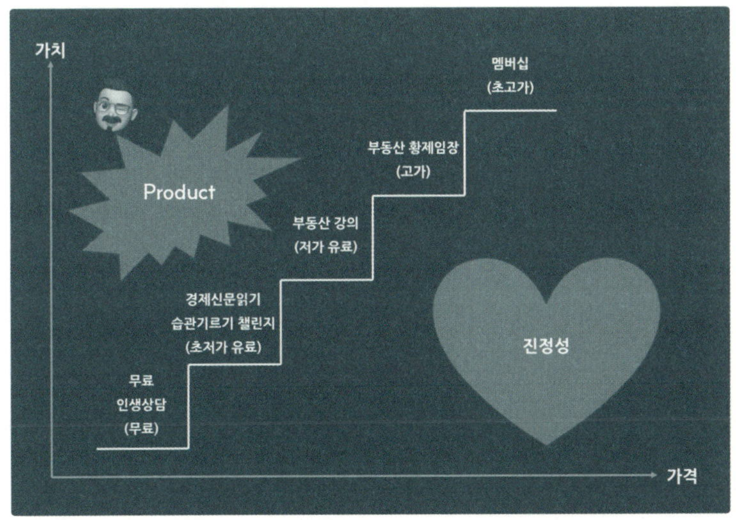

광교서초부동산
계약완료
031-214-6432
010-8230-2201

부동산 계약서

부동산 계약서류

부동산

안녕하세요, 허니제이 선생님! 오늘 계약하고 온 사람입니다. 아까는 실감이 나지 않고 정신이 없어서 제대로 감사 인사를 드리지 못한 것 같아 이렇게 글이라도 남겨 봅니다. 강의를 들으면서 자산과 목표를 적어 보내라는 숙제를 내주셨을 때는, 그저 한 번쯤 생각해보는 시간을 갖게 하시려는 줄 알았습니다. 그래서 가벼운 마음으로 적어 보냈는데, 정리해 둔 목표와 자산을 보시고 전화로 2시간이나 상담을 해주셨을 때, 갈팡질팡하던 마음이 결정되었던 것 같습니다. 사실 저는 작년부터 강의만 열심히 듣고 실행은 미루는 부린이었습니다. 더 전문적인 지식을 갖추고 공부를 더 한 다음에 투자를 해야 한다고 막연하게 생각했던 것 같습니다.

@official ✔

형님, 오늘 힘드실 텐데 시간을 내어 와주셔서 정말 감사합니다! 형님 덕분에 계약을 잘 마무리할 수 있었던 것 같아요. 항상 찾아뵐 때마다 좋은 말씀을 많이 해주셔서 동기 부여를 얻고 갑니다. 형님 말씀대로 이제부터 시작이고, 재선이와 열심히 살 수 있게 된 것 같아서 기쁩니다! 늘 감사드리고, 형님께서도 너무 무리하지 마시고 건강을 챙기셨으면 좋겠습니다. 쪽잠이라도 꼭 챙겨 주무시고요! 오늘 하루도 좋은 하루 보내시길 바랍니다! 항상 응원하겠습니다!

@trippie.bri ✔

수없이 의심하면서도 강의만 듣고 돌아다니며 작년과 다를 바 없는 한 해를 보낼 뻔했는데, 선생님께서 진심으로 상담해 주시고 가이드해 주신 덕분에 의심을 내려놓을 수 있었어요. 아시죠? 제가 사기를 당해서 사람을 잘 못 믿는데, 선생님 덕분에 트라우마를 극복할 수 있었답니다.

@estate ✔

honey_j_zetech

상담부터
멤버십까지,
인생을 케어하다

From counseling to mem-
bership, caring for your life.

뇌경색

멤버십

함께 걷기

진심은 퍼널을 만들고, 케어는 관계를 만든다.

케어는 단순한 친절이 아니다. 그저 도움을 주는 행위, 누군가를 챙겨주는 역할 그 이상의 것. 진짜 케어는 '진심'에서 시작된다. 진심이란, 상대의 말에 귀 기울이고, 그의 마음을 이해하려 애쓰고, 그가 놓인 현실까지 함께 들여다보는 것이다.

나는 그 시작을 '인생무상' 상담소에서 배웠다.

뇌경색이라는 인생의 큰 충격을 겪고 난 뒤, 내 삶을 되돌아보는 시간 속에서 진심이 가진 힘을 체감했다. 살아 있다는 것 자체가 감사했고, 그 감사함을 돌려주고 싶었다. 그래서 나는 내가 살아오며 경험했던 고통과 좌절, 회복과 성장의 이야기들을 누군가에게 나눠주기로 결심했다. 상담은 무료였지만, 내 마음은 결코 가볍지 않았다. 1:1 전화 통화를 통해 상대방의 목소리 하나하나, 그 안에 담긴 떨림과 침묵 속 의미까지 들으려 노력했다. 그렇게 나는 알게 되었다. 케어는 전문지식 이전에 진심이 필요하다는 사실을….

지금까지 난 단 한 번도 프로그램들을 전략적으로 계획한 적이 없다. 오히려 '무엇이 그 사람에게 도움이 될까'를 고민했고, 그 고민은 어느새 콘텐츠가 되었고, 구조가 되었고, 시스템이 되었다.

사람들은 내게 묻는다.

"대표님은 어떻게 이렇게 많은 프로그램을 혼자 운영하시나요?"

나는 이렇게 답한다.

저는 단지, 내가 47년간 살아오며 겪었던 경험을
바탕으로 누군가의 시행착오를 줄여주고 싶었어요."

결국 이 모든 건 '진심'에서 비롯된 것이었다. 나의 상담, 강의, 임장, 컨설팅, 멤버십까지…. 그 모든 시작점은 한 사람의 이야기에 귀 기울였던 '진심 어린 태도'였다.

그 태도가 지금의 나를 만들었고, 그 태도를 통해 내 주변에는 '단순한 구독자, 팔로워'가 아닌 '찐팬'이자 '동행자'가 생겨났다. 그들이 내 곁을 지켜주는 이유는 정보 때문이 아니라, 진심이 있는 케어가 있었기 때문이다. 진심은 결국 퍼널을 만들고, 이 퍼널을 통한 케어는 관계를 남긴다.

부동산 멤버십으로 시작해 인생 멤버십으로 평생을 함께하다

나는 멤버십 제도를 운영하고 있다. 이 멤버십의 시작은 단순했다. 부동산 투자에 관심 있는 사람들이 모여 정보를 나누고, 공부하고, 함께 현장을 다니며 실행력을 키우자는 취지였다. 하지만 시간이 흐르면서 나는 점점 더 강하게 느꼈다. 이 모임은 '투자'라는 키워드를 넘어, 사람과 사람 사이의 '관계'로 확장되고 있다는 것을.

이 멤버십은 단순한 정보 공유를 넘어, 보다 깊이 있는 부동산 실행까지 지원하는 프로그램으로 발전했다. 특히 이 멤버십의 가장 핵심적인 차별점은 나를 포함, 내 부동산 멘토님이 직접 1:1 컨설팅을 제공하는 '전문가 밀착형 케어 시스템'이라는 것이다. 멤버십에 가입한 사람들은 좋은 매물을 함께 찾는 것에서부터 계약, 그리고 향후 임대관리까지 전 과정을 멘토님과 함께하게 된다. 단순히 조언만 제공하는 것이 아니라, 인생을 함께 걸어주는 케어형 동반자 개념이다. 더욱이 단순히 어디에 투자하라는 일반적인 조언이 아니라, 개인의 재정 상황, 목표, 가족 구성 등까지 종합적으로

N잡러 **허니제이 재테크**

고려해 맞춤형 로드맵을 제시해 준다. 이 과정에서 멤버들은 자신도 몰랐던 가능성과 방향성을 발견하고, 훨씬 더 확신 있게 투자 결정을 내릴 수 있게 된다.

이 프로그램은 1년, 5년, 10년 단위로 구성되어 있고, 당연히 10년 멤버십이 가장 비싸다. 그런데 놀라운 건, 대부분의 사람들이 10년짜리 멤버십을 선택한다는 점이다. 왜일까? 나는 그것이 '진정성' 때문이라고 생각한다. 나와 멘토님의 밀착 케어를 경험한 사람들이 실제로 삶에서 변화를 경험하고, 투자에 성공하고, 삶의 무게를 덜어냈기 때문이다. 성과가 곧 진심을 증명했다.

투자뿐 아니라, 실제로 어떤 멤버는 갑작스러운 소송 문제로 고민 중이었고, 어떤 이는 보험상품 해지로 인한 손실로 걱정하고 있었다. 또 다른 누군가는 세무 신고를 앞두고 혼자 끙끙 앓고 있었다. 그럴 때마다 나는 내 주변의 인맥을 하나씩 꺼내 연결해 주었다. 신뢰할 수 있는 변호사, 세무사, 보험 설계사들을 소개했고, 그들의 문제는 조금씩 해결되기 시작했다.

그 과정에서 깨달았다. 이 멤버십의 진짜 가치는 '정보'가 아니라 '연결'이라는 것을. 필요한 순간, 적절한 도움을 받을 수 있도록 그 사람의 삶을 함께 고민하고 연결해주는 것. 이것이 바로 진정한 케어였다. 그리고 그 케어가 쌓이면서 '부동산 멤버십'은 어느새 '인생 멤버십'으로 진화하고 있었다.

또한 멤버들과 대화를 나누다 보면, "대표님, 저도 N잡을 하고 싶어요" "요즘 본업만으로는 너무 불안해요" 이런 말들을 듣게 되었다.

| 허니제이 재테크 SNS 관련 N잡 수입 인증

경제신문읽기 습관 기르기 챌린지

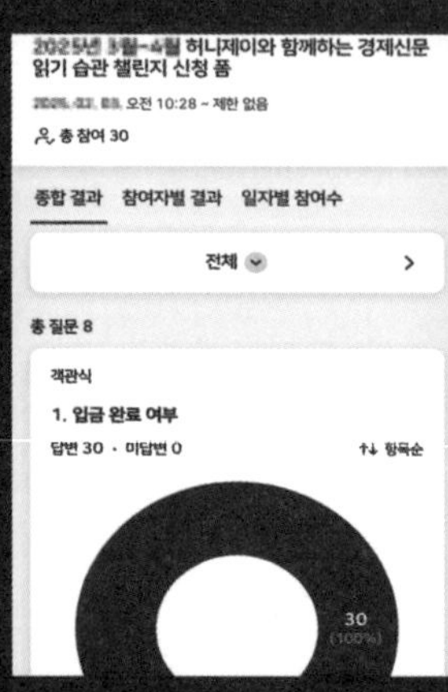

부동산 황제임장

① 경제신문읽기 습관 기르기 챌린지
1인 = 90,000원 × 30명
총 수입 : 2,700,000원

② 황제임장
1인 = 200,000원 × 5명
1달 총 수입 : 1,000,000원
2번 진행

멤버십 제도 운영

1인 = min 3,300,000원 ~ max 13,200,000원

littly
신규 주문이 발생했습니다

* 발생페이지: litt.ly/honey_j_budongsan
* 주문자 : 김문정 / (+82) 010925596 32 / ttjaden22@gmail.com
* 주문번호 : 2408251310616226
* 주문일시 : 2024-08-25 PM 08시 00분
* 구매상품 : 허니제이 부동산 평생 멤버십(1개) 13,200,000원
* 배송지 : -
* 결제정보 : 롯데카드(5537********3299) / 일시불
* 총 결제금액 : 13,200,000원
* 요청사항 : -

2025-02-19 (수)

입금
+13,200,000
잔액 14,778,894원

littly
신규 주문이 발생했습니다

* 발생페이지: litt.ly/honey_j_budongsan
* 주문자 : 김한숙 / (+82) 010511182187 / hang_126@naver.com
* 주문번호 : 2408287929082347
* 주문일시 : 2024-08-28 PM 03시 27분
* 구매상품 : 허니제이 부동산 평생 멤버십(1개) 13,200,000원
* 배송지 : -
* 결제정보 : 신한카드(4518********6103) / 5개월
* 총 결제금액 : 13,200,000원
* 요청사항 : 임장 다녀온 뒤로 부동산에 대한 다짐이 더 굳건해졌네요. 부족하지만 잘 부탁드립니다. 감사합니다.

littly
신규 주문이 발생했습니다

* 발생페이지: litt.ly/honey_j_budongsan
* 주문자 : 서엽찐 / (+82) 01088170654 / bestpiglet@naver.com
* 주문번호 : 2408308050051440
* 주문일시 : 2024-08-30 PM 07시 07분
* 구매상품 : 허니제이 부동산 5년 멤버십(1개) 6,600,000원
* 배송지 : -
* 결제정보 : 우리카드(94428********9275) / 12개월
* 총 결제금액 : 6,600,000원
* 요청사항 : -

2025-02-27 (목)

입금
+3,300,000
잔액 6,208,894원

소액 부동산 투자 강의 결제 명세

고객 목록

이름	이메일	전화번호	구매횟수	총결제금액	최근결제일
김복선	lux3375564@naver.com	010-3735-2564	1회	220,000원	25.06.26
류지희	gildong1006@naver.com	010-9463-7792	1회	165,000원	25.06.14
한현찬	hyunchan1074@naver.com	010-5731-1089	1회	165,000원	25.06.13
김혜지	dawnx4x@gmail.com	010-5650-4495	1회	165,000원	25.06.13
이수진	kjo6828@naver.com	010-9802-4462	1회	165,000원	25.06.13
함현희	korean17@naver.com	010-6547-1313	1회	165,000원	25.06.13
이혜림	ttoe@naver.com	010-2928-3423	1회	165,000원	25.06.11
최지연	haojyeon@gmail.com	010-5243-8470	1회	165,000원	25.06.10
오정민	ojm29714@naver.com	010-9059-2974	1회	165,000원	25.06.13
음소영	2006gnb@naver.com	010-6517-0604	1회	165,000원	25.06.09
허승아	iygresae@gmail.com	010-7607-2565	1회	165,000원	25.06.09
황현경	gjsrud271@naver.com	010-6775-3923	1회	165,000원	25.06.08
채재원	chaechae221122@gmail.com	010-3280-2764	1회	165,000원	25.06.07
김예림	limbbongbbong@gmail.com	010-4646-0202	1회	165,000원	25.06.08
최연주	choiyj1100@gmail.com	010-6643-4202	1회	165,000원	25.06.07
허소문	loopy032@naver.com	010-9062-9317	1회	165,000원	25.06.06
이재웅	kjg3028@naver.com	010-3314-2151	1회	220,000원	25.06.22
○	guidehun@gmail.com	010-3708-1947	1회	165,000원	25.06.14
이승현	swttaxx07@naver.com	010-5771-1062	1회	165,000원	25.06.04
황규희	amyjang5292@gmail.com	010-8945-7367	1회	165,000원	25.06.02
전홍태	akdldxhf12@naver.com	010-4361-4240	1회	165,000원	25.06.02
김제리아	rebbicat@naver.com	010-9074-5288	0회	0원	25.06.08
전영건	cskoma1@naver.com	010-9982-6135	1회	220,000원	25.06.22
박수진	uoosng@naver.com	010-7415-1887	1회	165,000원	25.06.16

나는 이럴 때 또 한 번 연결을 시작했다. A에게는 퍼스널 브랜딩 코치 일을, B에게는 자격증 기반의 온라인 수업을, C에게는 나와 콜라보할 수 있는 콘텐츠 제작을 제안했다. 그렇게 사람들은 단순한 '부수입'을 넘어 '자신만의 무대'를 찾아가기 시작했다.

어떤 날은 서로의 고민을 나누며 울었고, 어떤 날은 웃으며 미래를 그렸다. 내가 운영하는 멤버십은 그렇게 사람들의 '자존감'을 살려주는 공간이 되었다.

그래서 이제 나는 이 멤버십을 설명할 때 이렇게 말한다.

> 이건 단순한 부동산 멤버십이 아닙니다. 당신 인생의 방향을 함께 고민하고, 필요한 순간 필요한 사람을 연결해 드리는 인생 맞춤형 케어 시스템입니다."

이 말에 많은 이들이 고개를 끄덕인다. 정보는 유튜브에서도 얻을 수 있다. 하지만 내 삶에 맞는 연결, 나를 위한 관심, 그리고 진짜 조언은 여기서만 얻을 수 있다고 말한다. 그래서 이 멤버십은 더 이상 숫자와 수익률로 정의되지 않는다. 대신 '얼마나 함께 걸었는지' '얼마나 삶을 나눴는지' 그리고 '얼마나 진심이 오갔는지'로 기억된다.

나는 지금도 배운다. 한 사람의 인생에 귀 기울이는 것이 그 어떤 마케팅보다 깊은 신뢰를 만든다는 걸.

네이버 블로그(부동산·재테크·프로 N잡러)

> 케어는 관계다.
> 케어는 신뢰다.
> 케어는 곧 브랜드다.

이제 나는 확신한다. '상담'에서 시작해 '실행'까지 이르는 이 구조는, 단 한 번도 억지로 만든 퍼널이 아니라, 사람의 흐름을 따라간 진심의 결과였다.

끝까지 함께 걷는 사람으로 남기 위해

나의 여정은 대단하지 않았다. 남들보다 조금 늦게 시작했고, 어설펐고, 두려움도 많았다. 하지만 한 사람 한 사람의 이야기에 귀 기울이고, 내가 가진 것을 아낌없이 나누고자 했을 뿐이다.

처음에는 그저 좋은 정보를 알려주고 싶었다. 하지만 시간이 지날수록 알게 됐다. 사람들이 원하는 것은 정보가 아니라, 함께 걸어주는 사람이었다. 그래서 나는 오늘도 그들과 함께 걷는다. 누군가의 고민 앞에 멈춰 서서 귀 기울이고, 내가 알고 있는 사람들을 연결해주고, 그들이 더 나은 삶으로 나아갈 수 있도록 함께 고민하고, 함께 뛰어간다.

내가 운영하는 멤버십은 어느새 '부동산'을 넘어 '인생'을 이야기하고 있었다. 그것은 내가 의도한 결과라기보다, 사람들과의 진심 어린 관계가 만들어낸 자연스러운 흐름이었다. 이 멤버십을 통해 나는 단순한 정보 제공자가 아니라, 진심으로 삶을 함께 고민하고 케어하는 존재로 거듭났다.

특히 개개인에게 맞춘 심층 상담을 통해 그 사람만의 삶의 전략을 세우고, 투자의 방향을 함께 설정하는 과정은 내가 그들의 인생 여정에 함께하고 있다는 뿌듯함을 안겨준다. 단순히 가르치는 것이 아니라, 동행하는 것이다. 그리고 나는 이 관계를 지키기 위해, 앞으로도 계속 케어할 것이다.

지금처럼, 진심으로. 끝까지 함께 걷는 사람으로 남기 위해.

HONEY J ZETECH
평범한 회사원에서 자영업자 및 프로N잡러로 변신
현재 기준 12주택 30억 대 자산가가 된
"허니제이 재테크"

이 모든 게 단 2년 만에 이루어진 일입니다

월 10만 원이라도 더 벌어보려고 부동산 지식도, 위치도 모르는 지역에 투자를 감행했습니다. 투자금이 거의 들지 않으면서 수익률이 높다는 시행사 직원의 말만 믿고 무턱대고 오피스텔 분양을 받은 것입니다. 하지만 결과는 예상과 달랐습니다. 혼자 해결하기에는 모르는 것도 많고 모든 것이 막막했습니다.

절실하게 해답을 찾던 중, SNS에서 허니제이 님의 오피스텔 투자 피드를 보게 되었습니다. 지푸라기라도 잡는 심정으로 간절하게 DM을 보냈더니 전화가 왔습니다. 처음에는 통화하고도 믿기지 않았습니다. 시행사 직원 말만 믿고 낭패를 본 터라 또 사기를 당할까 봐 걱정하며 이 사람을 믿어도 될지 의심했습니다.

그런데 허니제이 님은 제가 불안하고 힘들어한다는 걸 알고 매일 전화해서 안부를 물어봐 주고 현실적인 방법도 제시해 주셨습니다. 또한 지금 제일 중요한 것이 무엇인지 계속 상기시켜 주셨고 "괜찮다, 할 수 있다" 하며 아낌없는 위로와 격려를 해주셨습니다. 생판 모르는 사람입니다. 진심이 아니라면 어떻게 이렇게까지 할 수 있을까요...?

임장이 뭔지 그때 처음 알았습니다. 부동산을 투자하기 전에 무엇을, 어떻게 해야 하는지 처음으로 제대로 배웠습니다. 사실 당시에는 임장 비용도 부담이 되어 고민이 많았었는데 다녀와서는 허니제이 님이 왜 임장을 와서 배우고 가라고 했는지 백번 이해가 됐습니다. 지금 생각해도 그때 용기 내어 임장 간 것은 무척 잘한 일입니다. 2년 전 투자 실패와 그로 인한 허니제이 님과의 만남, 그리고 황제임장을 통해 제 인생이 바뀌었다고 해도 과언이 아닙니다.

그런데 허니제이 님이 밥 떠먹는 방법을 알려주신 덕분에 저는 잘못 투자했던 오피스텔마저도 준공 직후 바로 임차를 잘 맞추어 공실 리스크 없이 월세도 잘 받고 있고 추가로 2번째 오피스텔도 계약해 월 현금 흐름을 추가로 만들었습니다. 그리고 얼마 전엔 광교 내 집 마련까지 성공했습니다.

투자 정보나 지식은 물론이거니와, 사람을 대하는 태도와 삶의 자세에 대해서도 많은 것을 느끼고 배울 수 있습니다. 더불어 책을 읽는 내내 허니제이 님의 진심이 그대로 전달되어 마음이 따뜻해질 테니 꼭 한 번 읽어보시길 추천드립니다.

허니제이 마을에 입성한 염선민

올바른 길잡이가 되어줄 인생의 멘토가 필요하신가요?

허니제이 님은 단순히 재테크 방법을 알려주는 사람이 아니었습니다. 무엇보다도 가장 먼저, 무너진 제 마음을 일으켜 세워주신 분이었습니다. 돈을 버는 법 이전에 '삶을 대하는 태도'부터 다시 세워주셨고, 조급하고 불안했던 제게 '올바른 기준'이 얼마나 중요한지를 알려주셨습니다. 덕분에 저는 다시는 잘못된 방향으로 가지 않게 되었습니다. 삶의 한가운데에서 스스로를 실패자로 낙인찍고 있던 제가, 이제는 '나는 무엇이든 해낼 수 있는 사람'이라는 믿음을 갖게 되었습니다.

그 변화는 실로 놀라운 결과를 가져왔습니다. 팔로워 200명 남짓이던 인스타그램 비즈니스 계정은 한 달 만에 1,000명이 되었고, 현재는 7,000명을 넘기며 실질적인 수익도 만들 수 있게 되었습니다. 또한 숙박 공유 사업을 시작하며 매달 100만 원 이상의 안정적인 현금 흐름도 갖게 되었고, 과거에는 부동산 투자에서 손실만 봤으나 이제는 임대 수익을 내는 안정적인 투자자로 성장하게 되었습니다.

그 변화의 중심에는 늘 허니제이 님의 진심 어린 조언과 따뜻한 격려가 있었습니다. 실패로 초조해진 제게 여유를 선물해주시고, 지쳐 있을 때는 따뜻한 말과 실제 경험에서 우러난 조언으로 위로해주셨습니다. 단순한 조언이 아닌, 스스로의 삶에서 체득한 진짜 이야기들이었기에 더 깊은 공감과 위안이 되었습니다. 그리고 저는 그 순간 깨달았습니다. 인생에서 좋은 멘토를 만나는 것이 얼마나 중요한 일인지.

이 책은 그런 허니제이 님의 진심과 철학이 온전히 담긴 결과물입니다. 단순히 돈을 버는 법을 알려주는 책이 아닙니다. 삶이 흔들릴 때, 욕심과 불안 사이에서 방향을 잃을 때, 다시 '중심'을 잡게 해주는 따뜻한 나침반 같은 책입니다. 저처럼 실패로 낙담한 분들, 수많은 시행착오 속에서 방황하고 있는 분들, 이제 막 경제적 자립을 꿈꾸며 방향을 찾고 있는 분들이라면 이 책을 꼭 읽어보셨으면 합니다.

저는 이 책이 삶을 바꿀 수 있음을 자신 있게 말씀드릴 수 있습니다. 왜냐하면, 그 조언들을 실천하며 완전히 다른 삶을 살게 된 살아 있는 증거가 바로 저이기 때문입니다.

인생의 멘토를 만나 새로운 삶을 사는 정하영

공돌이현직자

그 연봉을 받을 자격이 있는가라는 질문에서 시작됐습니다

처음 공돌이현직자 님을 알게 된 건 우연히 인스타그램을 통해서였습니다. 취준 생활 초반, 그저 취업 정보에 대한 관심으로 피드를 훑어 보던 중 일반적인 스펙이나 기술적 팁 뿐만 아니라 어떤 마음가짐으로 취업 전선에 뛰어들어야 하는지'에 대한 진지한 고민이 담긴 글들이 눈에 들어왔습니다. 글을 읽으면서 취업 시장에 대한 이해도가 높은 분이라 생각하여 직접 컨설팅을 신청하게 되었습니다.

그 만남은 제 취업 준비의 전환점이 되었습니다. 생각보다 훨씬 체계적인 과정과 자소서 작성, 면접에 대한 생각지도 못한 꿀팁들을 얻을 수 있었습니다. 단순히 취업에 성공하는 전략을 넘어 제 진로에 대한 방향성과 삶의 태도까지 함께 고민해주는 진정성 있는 컨설팅은 저에게 큰 힘이 되었고 그 덕분에 빠르게 취업에 성공할 수 있었습니다. 그때 받은 조언들로 인해 취업 이후에도 꾸준히 미래를 설계할 수 있는 힘을 얻었습니다.

이 책이 다루는 사업의 '진정성'이라는 주제는 공돌이현직자 님께서 평소 컨설팅을 통해 보여준 태도 그 자체이기도 합니다. 사실 취업 시장에는 그럴듯한 광고문구가 넘쳐납니다. '무스펙도 대기업 간다', '지방대 학점 2점도 삼성전자 합격'과 같이 말이죠.

그런데 공돌이현직자 님은 저희를 달콤한 말로 현혹하지 않고 항상 이와는 정반대의 말씀을 해오셨습니다.

"상위 2%만 합격하는 게 대기업이다, 무스펙은 합격할 수 없다." "하이닉스 연봉이 1억인데, 너희들이 그 연봉을 받을 자격, 준비를 해왔는가?"(이 말이 가장 소름 돋았습니다.)

결국 중요한 것은 빠르게 가는 것이 아니라 올바르게 가는 것이고, 사실 이건 비단 취업뿐만 아니라 우리 인생 전반에 걸쳐 해당되는 것임을 공돌이현직자 님께서 직접 컨설팅과 사업으로 보여주셨다고 생각합니다.

빠르게 변하는 시대 속에서 방향을 잃지 않기 위해서는 단단한 통찰력이 필요합니다. 이 책은 그런 통찰력을 찾고자 하는 분들에게 좋은 나침반이 되어줄 것이라 믿습니다. 진정성이라는 오래된 가치가 얼마나 강력한 무기가 될 수 있는지를 알고 싶은 분들께 이 책을 진심으로 추천드립니다.

25년도 상반기 해외기업 MICRON 합격자 박○○

계속 떨어지던 취준생이
현대자동차에 합격할 수 있었던 단 하나의 변화

저는 수년간 최종 탈락의 고배를 마시며 자존감이 바닥을 쳤던 취준생이었습니다. 마지막이라는 심정으로 공돌이현직자님의 1:1 컨설팅을 신청했는데, 그동안 여러 학교와 전문가들에게 받았던 컨설팅과는 비교조차 할 수 없을 정도로 수준이 높았습니다.

실제 인터뷰지 내에 있는 모든 저의 경험을 일일이 읽어보시고 그에 맞춰 문항과 이력서를 컨설팅해주시는 것을 보고 정말 나보다 더 나의 취업에 진심으로 임해주시는 분이 있구나 하는 느낌에 감동을 받았습니다.

이 과정을 통해 실패 경험을 강점으로 승화시키는 방법과 면접에서 솔직하고 진솔한 저만의 언어로 이야기를 전달하는 방법을 터득했습니다. 마침내 꿈에 그리던 기업에 최종 합격하여 직장인으로서 새로운 시작을 하게 되었습니다. 합격이라는 결과도 기뻤지만, 앞으로 어떤 마음가짐으로 살아갈지에 대한 기준을 정립하게 된 것이 더욱 의미있었습니다.

이 책은 제가 컨설팅을 하며 느꼈던 진심과 철학을 담았습니다. 단순한 기술이나 요령이 아닌, 삶과 커리어를 관통하는 사고 방식을 얻을 수 있습니다.

과거의 저처럼 불안한 취업 준비생뿐만 아니라, 현재 직장 생활을 하며 새로운 도약을 꿈꾸는 이들에게도 이 책은 깊은 공감을 선사할 것이라고 믿습니다. 진정성이야말로 가장 강력한 무기라는 것을 깨닫게 해주는 이 책을 진심으로 추천합니다.

24년도 하반기 현대자동차 합격자 정○○

　　지금도 야근 중인 전국의 대기업, 중견기업, 그리고 작은 회사의 직장인들을 위해 이 글을 쓴다. 그리고 언젠가는 '회사 사람' 말고 '나다운 이름'으로 살아가고 싶은, 바로 당신을 위해.

　　이 책은 잘나가는 사람의 자랑이 아니다. 회사를 다니며 동시에 나만의 브랜드를 만들고, 사업을 하며 아이를 키우고, 혼란 속에서도 스스로를 지켜낸 한 사람의 기록이다.

　　나는 우리 대부분이 그렇듯 평범한 직장인이다.

　　동시에 '공돌이현직자'라는 이름으로 콘텐츠를 만들고, 강의를 하며, 누군가의 인생 전환점에 컨설팅을 제공해왔다. 처음엔 그저 '나만의 무언가'를 만들고 싶었다. 내 이름을 걸고도 성과를 낼 수 있는 삶, 회사에 기대지 않고도 존재할 수 있는 삶. 낮에는 회의실에서 성과를 고민하고, 밤에는 자소서를 첨삭했다. 가끔은 강의를 하다가 기저귀를 갈기도 했고, 새벽 4시에 피드백을 마감하며 아이의 울음을 달래기도 했다. 그 모든 순간이 지금의 나를 만들었다.

　　나는 완벽하지 않았다. 하지만 진심이었다. 과장 광고 대신 현실을 이야기했고, 고객을 기망하지 않았으며, 내가 줄 수 있는 진짜 가치를 고민했다. 그렇게 첫 고객, 첫 블로그, 첫 크몽 상품, 첫 전자책, 첫 강의, 첫 브랜드, 그리고 첫 아이까지. 나의 '처음'들은 항상 불안했고 서툴렀지만, 진심은 결국 길이 되었다.

이 책은 "지금 이 길이 옳은가?"를 수없이 되뇌어본 사람, 회사에선 팀원이지만, 인생에선 리더이고 싶은 사람, 팔리는 콘텐츠를 내놓기보다, 의미 있는 일을 하고 싶은 사람을 위한 책이다.

나는 두 개의 삶을 완벽히 살 수 있다고 믿었다. 그리고 결국, 둘 다 해냈다. 성과는 빠르게 쌓이지만, 철학은 천천히 만들어진다. 진심은 느리지만, 결국 가장 멀리 간다.

이 책은 당신처럼 흔들리는 사람의 기록이다. 그리고 어쩌면, 당신이 흔들리며 찾고 있는 방향의 지도일지도 모른다.

대기업가면 마냥 성공할 줄 알았다

I thought that if I joined a large corporation, I would automatically succeed.

대기업
성공
핵심부서
유능한
엔지니어

실전에서 탄생한 공돌이 현직자

10대와 20대는 오직 '성공'만을 바라보며 달려왔다. 명문대 진학, 대기업 입사만이 성공으로 향하는 유일한 길이라 굳게 믿었다. 노력은 결코 배신하지 않는다는 믿음 하나로 앞만 보고 달렸다.

마침내 바라던 대기업에 당당히 합격했고, 주변의 축하와 부러움을 한 몸에 받았다. 가족들은 기쁨을 감추지 못했고, 친구들은 입을 모아 칭찬하며 술자리를 갖자고 했다. 그 순간, 세상 모든 것을 다 가진 듯 기뻤다.

의심의 여지없이 '성공'을 거머쥐었다고 확신했다.

공부만 한 초등 6년, 중고등 6년, 대학 4년 그러고도 채워지지 않았던 한 가지_

우리 90년대생들은 좋은 대학 가서 대기업가면 마냥 성공할 줄 알았다.

"공부 잘하면 행복해진대"라는 주문 – 부모님, 선생님, 사회가 만들어준 '한 방향 성공 루트'

"공부 열심히 하면, 나중에 편해진다." 아마 내 또래, 특히 80~90년대생 대부분은 이 말을 들으며 자랐을 것이다. 초등학교 땐 학원 셔틀을 타고 다녔고, 중고등학교 때는 내신 등급과 수능 점수를 조금이라도 올리기 위해 밤낮으로 버텼다. 물론 누군가는 놀러 가고, 누군가는 게임을 하고, 누군가는 연애를 했겠지만 나는 늘 미래를 준비했다. '지금만 버티면 나중에 좋아질 거야.' 이 주문 같은 말을 진심으로 믿었고, 묵묵히 참고 이겨냈다.

나의 10대와 20대는 온전히 '성공'이라는 하나의 목표를 위해 설계되어 있었다. 좋은 대학에 가고, 좋은 기업에 들어가면 모든 게 해결될 거라고 믿었다. 노력은 배신하지 않는다는 말을 정말로 믿었다. 그리고 나는 그 길을 밟아냈다. 누구나 알 만한 최고의 대기업에 입사했고, 가족들은 크게 기뻐했다. 친구들은 "가장 먼저, 그것도 우리나라 최고 기업에 입사했다"며 박수를 쳤고, 나에게 한턱을 요구했다. 그때의 기분은 말 그대로 최고였다. 나는 분명 '성공했다'고 믿었다.

첫 정장을 입고, 사원증을 목에 걸고 출근하던 날. 사무실 문을 열고 들어가며 느낀 감정은 해냈다는 뿌듯함과 드디어 끝났다는 안도감이었다. 하지만 그 감정은 오래가지 않았다. 입사 후 몇 주가 채 지나기도 전에, 나는 설명하기 힘든 위화감을 느끼기 시작했다. "뭔가 이상하다." 그토록 원했던 회사였는데, 왠지 낯설었다. 주변 사람들은 다 괜찮아 보이는데, 나만 어딘가 어긋나 있는 느낌이었다. 당연히 기뻐야 할 순간에 나는 자꾸만 공허했고, 회의실에서 발표하는 나 자신이 누군가의 흉내를 내는 것처럼 느껴졌다.

지금 생각해보면, 그 모든 위화감은 오래전부터 예고되어 있었는지도 모른다. 우리는 너무 일찍부터 '행복해지기 위한 조건'을 외워버렸다. 성적, 등수, 대학, 연봉 같은 숫자들이 우리 삶의 가치를 결정하는 기준이 되었고, 그 외의 것들은 고민할 틈조차 없었다.

> 그때 나는 처음으로 스스로에게 질문하기 시작했다.
> "내가 왜 이렇게 살아야 하지?"

그 질문은 매일 머릿속을 떠나지 않았지만, 나는 여전히 회사에 출근해서 보고서를 쓰고, 야근을 하고, 회의에 참석했다. 하지만 이전과는 다른 점이 하나 있었다. 이제는 더 이상 이 시스템에 안주할 수 없다는 것. 내 안에서부터 '뭔가 잘못됐다'는 생각이 싹트기 시작했고, 마침내 그 생각은 나를 다른 방향으로 이끌었다. 물론 우리 세대 모두가 그러하듯, 그렇게 꾹 참고 몇 년을 버텼다.

공돌이현직자

| 괜찮은 자리에 있으니까, 애써 괜찮은 척했다_

회사 안에서의 인정은 있었지만, 나를 지탱하기엔 부족했다.

사실 괜찮은 척할 수 있었던 다른 이유가 있긴 했다. 입사하자마자 회사 내 가장 잘나가는 팀, 소위 핵심부서에 배치받았기 때문이다. 핵심부서, 연구개발, 신사업. 누가 봐도 삐까번쩍한 단어들로 점철되어 있는 곳이었다. 대학 선배들은 축하했고 공장으로 배치된 많은 동기들은 부러워했다. 나도 그 반응에 얼떨결에 동의하며 고개를 끄덕였다. 처음엔 정말 괜찮다고 생각했다. 회의 자료를 만들면 임원 메일에 CC로 공유됐고, 보고서 몇 줄만 잘 써도 조직장이 직접 피드백을 줬다. 야근이 잦았고, 주말에도 출근을 하는 일도 비일비재했지만, 나는 '성장통'일 거라며 스스로를 위로했다.

당시 나에겐 매일의 과로보다 더 중요한 게 있었다. 바로 '인정받는 기분'이었다. 늘 바쁘고 피곤했지만 내 이름이 오르내리고, 내 보고서가 회의에 쓰이고, 상무 앞에서 발표하는 순간들이 나를 떠받쳤다. 나는 그 자리를 자부심으로 버텼고, 그 감정은 위화감을 덮는 데도 효과가 있었다. 한동안은.

그래서 더더욱 노력했다. 누구보다 일찍 출근했고, 정시 퇴근은 꿈도 꾸지 않았다. 선배가 부탁하기 전에 자료를 미리 정리해뒀고 업무 수행 중간 과정을 빠르게 피드백했다. "피드백이 이렇게 빠른 후배는 처음 본다"라는 극찬을 듣기도 했다. 이 팀에서 오래 살아남고 싶었고, 인정받고 싶었다. 그렇게 나는 점점 회사형 인간이 되어갔고 나라는 사람은 점점 사라지고 있었다. 여타 직장인들 모두가 그러하듯 나는 조직의 언어로 사고하고, 시스템의 프레임 안에서만 판단했다. 불합리하다고 느껴도 '그런 거지 뭐' 하고 애써 넘기며, 살아남는 법을 배워갔다. 그러면서도 한편으론 이상한 감정이 고개를 들기 시작했다. 나는 분명 칭찬을 받고 있었고, 누구보다도 빠르게 성장하고 있었으며, 외부에서는 여전히 '잘나간다'라는 말을 들었다. 하지만 나의 내면은 점점 무기력해지고 텅 비어갔다. 이건 내 일이 아니라는 생각, 나는 그냥 여기서 역할을 수행 중이라는 생각이 마음 깊숙이 쌓였다. 그럼에도 내가 있는 곳은 그래도 괜찮은 팀이었기에, 내 감정을 부정했다. 애써 감췄고, 이건 그냥 내가 예민해서 그런 거라고 말하며 하루하루를 버텼다.

'지금 이걸 힘들어하면 내가 이상한 건가?' '지금 이걸 내려놓으면 평생 후회할까?' 하는 생각들이 나를 더 조용하게 만들었다. 그렇게 나는 괜찮은 자리에 있었고, 애써 괜찮은 척하며 버티고 있었다. 그 뽕이 완전히 빠지기 전까지는.

| 인정의 끝에 찾아온 무력감_
칭찬은 있었지만, 만족은 없었다

어느덧 3년 차, 업무는 잘하고 있었다. 아니, 당연히 오히려 더욱 잘하게 되었다. 모두가 선망하는 그룹장님이 이름까지 언급하며 나를 칭찬했고, 덕분에 임원진 회의에도 참석했다. 새로운 신기술에 대한 팀 회의에서 사원 최초로 발표하는 일도 생겼으며, 그로부터 논문 작성 및 특허까지 출원했다.

고과 점수는 자연스럽게 따라왔고 3년 차였던 나는 팀 내에서 '잘하는 엔지니어'라는 타이틀을 자연스럽게 얻으며 살아남고 있었다. 그런데, 이상하게도 내 마음은 조금도 채워지지 않았다. 성과는 있었지만 의미는 없었다. 인정도 받았다. 하지만 그건 더 이상 내게 보상이 아니었다.

나는 그저 '좋은 직장에 다니는 유능한 사람'이라는 역할만 수행할 뿐, 그 안에서 나를 증명하거나 성장시키는 감각은 점차 잃어갔다. 그러던 어느 날, 친했던 선배가 다른 부서로 가게 되어 함께 점심을 먹게 되었다. 나는 습관처럼 사람들을 만날 때마다 "힘들지는 않으세요? 일은 어떠세요?"라고 묻곤 했는데, 사실 그건 나 자신에게 하는 질문이었다. 그날도 역시나 같은 질문을 던졌고, 돌아온 답변은 "그냥 하는 거지, 하고 싶어서 하겠어?"였다. 물론 거의 모든 사람들이 그렇게 말했지만, 그날은 뭔가 특별하게 들렸다. 대체 왜 그냥 할까? 왜 단 한 번뿐인 소중한 인생을 이렇게 살아야만 할까?

이 질문은 그날 처음 내 안에서 명확한 문장으로 맺혔다. 그전까지는 피곤함, 무기력함, 허전함 같은 감정이 막연하게 떠돌았을 뿐이지만, 그날은 달랐다. 분명한 자각이 있었다. 이건 내가 하고 싶은 일이 아니라, 그저 시키니까 하고 있는 일이라는 것.

이후 칭찬은 더 이상 나를 지탱하지 못했다. 인정은 일시적인 진통제일 뿐이었다. 타인의 어떤 말보다, 스스로에게 던지는 질문과 마주할 용기가 필요해졌다. 그게 내가 회사 바깥의 삶을, '진짜 나의 방식'을 찾아야겠다고 결심한 가장 솔직한 계기다.

팀장의 한마디,
모든 걸 멈추기에
충분했다

The team leader's single
word was enough to stop
everything.

- # 야근
- # 무례함
- # 불균형
- # 시작
- # 현직자

실전에서 탄생한 공돌이 현직자

당연하다는 듯 야근이 이어졌고, 시계를 보니 어느덧 저녁 7시가 넘은 시간. 피곤한 몸을 이끌고 모니터 앞에 앉아 있던 그때, 부장 자리 근처가 시끌시끌했다.

그는 감정을 숨기지 않았다. 성과가 안 나왔다는 이유로, 일정을 못 맞췄다는 이유로 목소리를 높였고, 분위기는 얼어붙었다. 그러다 갑자기 고개를 돌려 내 이름을 불렀다. 예상치 못한 호출에 몸이 움찔했다.

"네가 이거 해. 1주일 밤을 새워서라도 무조건 해놔!"

| 그날의 회의실 팀장의 한마디_

모든 걸 멈추기에 충분했다

그러던 어느 날, 모든 게 바뀌는 사건이 발생했다. 그날도 여느 날과 다르지 않았다. 아침 8시 전, 익숙한 루틴대로 사무실에 도착했고, 간단한 커피 한 잔으로 하루를 시작했다. 당연하다는 듯 야근이 이어졌고, 시계를 보니 어느덧 저녁 7시가 넘은 시간. 피곤한 몸을 이끌고 모니터 앞에 앉아 있던 그때, 부장 자리 근처가 시끌시끌했다.

익숙한 풍경이었다. 또 말 많고 탈도 많은 그 팀장이 선배들에게 쏘아붙이고 있었다. 그는 감정을 숨기지 않았다. 성과가 안 나왔다는 이유로, 일정을 못 맞췄다는 이유로 목소리를 높였고, 분위기는 얼어붙었다. 그러다 갑자기 고개를 돌려 내 이름을 불렀다. 예상치 못한 호출에 몸이 움찔했다.

> 네가 이거 해. 1주일 밤을 새워서라도 무조건 해놔!"

단호했고, 무례했고, 일방적이었다. 설명도 맥락도 없었다. 나를 정면으로 겨냥한 그 한마디는 마치 날카로운 비수처럼 가슴을 찔렀다. 팀장은 그 말을 던지곤 다시 선배들에게 돌아갔고, 나는 그 자리에 그대로 서 있었다.

무표정하게 고개를 끄덕이며 알겠다고 대답했지만, 머릿속은 이미 멈춰 있었다. 선배들이 나를 둘러싸며 말을 건넸다. "야, 한 번만 부탁한다. 너 원래 하던 거잖아." "쟤 원래 저래. 그냥 넘겨."

"좀만 참고 하자. 너밖에 못 해." 그리고 모두 제자리로 돌아갔다. 남겨진 건 나 혼자였다.

나는 책상에 앉자마자 고개를 푹 숙였다. 그리고 그 말이 내 머릿속에 거대한 벽처럼 박혔다.

'밤을 새워서라도? 대체 내가 왜 그래야 하지?'

솔직히 충동적으로 일어나 팀장을 찾아가고 싶었다. "대체 제가 왜 그걸 밤을 새우면서까지 해야 하죠?"라고 따지고 싶었다. 하지만 직장인의 특성상, 상상만 수백 번 반복했다. 현실에선 그저 모니터를 응시하며 억눌린 분노를 씹을 뿐이었다.

그날의 한마디는 단순한 지시를 넘어, 일상적인 사무실 분위기를 깨고 나의 사고를 정지시키는 방아쇠가 되었다. 오랫동안 쌓여 온 무기력, 회의감, 억울함이 그 짧은 문장 속에 응축되어 터져 나왔다. 지금까지의 모든 노력이 한낱 누군가의 승진을 위한 소모품처럼 느껴지는 씁쓸한 현실이 눈앞에 펼쳐졌다. 팀장은 임원 승진을 앞두고 있었고, 조직 전체가 그의 성과에 집중하고 있었다. 그는 실적에 극도로 집착했고, 나는 그 실적을 위한 부품이 된 듯했다. 한 인간으로서의 나는 지워지고, 그의 성공을 위한 엑스트라로 전락한 기분이었다.

난 그날 그 자리에 분명히 있었지만, 동시에 거기에 없었다. 내 시선은 모니터에, 손은 키보드에 있었지만, 내 마음은 이미 그날 퇴근길로 가고 있었다. '이건 아니다'라는 문장이 머릿속에서 울리기 시작했다. 그리고 그 말은, 나의 평범했던 직장 생활의 균열을 본격적으로 벌리기 시작했다.

｜운전대 위에서 혼잣말을 했다_
'왜 내가? 당신 임원 되려고? 난 이걸 위해 살아온 게 아닌데'

회의실에서의 언성이 머릿속을 떠나지 않은 채, 나는 무거운 몸을 일으켜 퇴근 준비를 했다. 여전히 많은 사람들은 야근 중이었고 그들의 그러한 모습이 나의 미래가 될 것이라는 생각에 암울한 기분을 느끼며 엘리베이터를 탔다.

무감각한 손끝으로 지하 주차장의 차 문을 열고 운전석에 앉았을 때, 나는 알았다. 오늘은 뭔가 다르다는 걸. 차가 출발하고도 한참 동안, 음악도 꺼둔 채 침묵 속을 달렸다. 익숙한 퇴근길인데도 낯설게 느껴졌다. 핸들을 잡은 손에 무의식적으로 힘이 들어갔고, 평소 하지 않던 과속도 서슴지 않았다. 그리고 신호등 앞에 멈춘 순간, 문득 입을 열었다.

> 왜 내가 해야 해? 당신이 임원 되려고 하는 거잖아.
> 난 이걸 위해 살아온 게 아닌데."

작고 조용한 혼잣말. 그 말이 입 밖으로 나온 순간, 울컥하는 감정이 올라왔다. 그 누구에게도 들리지 않아도, 알아주는 이 없어도, 그날만큼은 그 말이 너무나 절실했다. 바로 나 자신에게. 분명 나는 지금껏 누구보다 성실했다. 야근을 마다하지 않았고, 주말에도 팀과 프로젝트를 위해 일했으며, 누구보다도 업무에 대한 진지한 책임감을 가지고 있었다.

그런데 나는 왜 이깟 말 한마디에 이렇게 무너지는 걸까. 이 자리까지 버텨온 모든 노력이 그저 누군가의 승진을 위한 도구였다는 사실을 인정하기 어려웠다. 회사는 내가 망가지지 않도록 관리하는 대신, 망가지기만을 기다리는 듯한 태도를 보였다.

차창 너머로 흐르는 불빛들, 멀어지는 퇴근길 풍경 속에서 나는 처음으로 이 조직 안에서의 내 위치를 자각했다. 주체가 아니라 도구였다. 창조자가 아니라, 수행자였다.

그날 밤, 운전대를 잡고 있던 나는 피곤했던 것이 아니다. 무너져 있었다. 소리 내어 중얼거린 그 푸념은 내 안에 쌓여왔던 서러움이었다. 나도 몰랐다. 그 작은 혼잣말 하나가, 이후 내 삶의 방향을 완전히 바꿔놓게 될 줄은.

| 성공을 위한 노동, 그런데 왜 이렇게 억울하지?_
책임만 있고 권한은 없는 위치에서 느끼는 정서적 불균형

그날 이후, 나는 문득문득 이런 생각이 들었다. 회사라는 조직은 (특히 대기업은) 정확히 말해주는 법이 없다. '이 일을 왜 해야 하는지', '이 방향이 맞는지', '당신의 기여가 무엇이었는지'에 대해 아무도 말해주지 않는다. 그저 맡겨진 일을 알아서, 눈치껏, 조용히

　　　　　　　　　　　　　　공돌이현직자

처리해야 할 뿐이다. 그날 팀장이 남긴 한 마디는 단순한 업무 지시가 아니었다.

나는 거기서 철저하게 '책임은 있으나, 권한은 없는 존재'로 규정되었다. 말 잘 듣고, 말없이 일만 하는 신입. 그게 그들이 나에게 기대하는 전부였다. 아무리 잘해도 돌아오는 건 "그래, 원래 그 정도는 해야지"라는 시큰둥한 반응이었다. 결정권도 없고, 내 일에 대해 설명할 권한도 없었다. 그런데 책임은 오롯이 내 몫이었다. 그 불균형이, 내 자존심을 끊임없이 긁었다.

단지 '좋은 팀 소속'이라는 하나의 가치로 모든 걸 참고 있던 내가, 그날 문득 '억울하다'는 감정을 인지한 것은 어쩌면 당연했다. 억울함은 단순히 일이 많거나, 고된 일 때문에 느낀 것이 아니었다. 내가 기여한 만큼의 정당한 존중을 받지 못하고 있다는 감정. 그것이 너무도 깊게 가슴을 파고들었다.

결국 나는 언제든 대체 가능한 부품이었다. 그렇게 느낀 순간 나의 노동과 시간들은 더 이상 노력이 아닌 소모로 느껴졌다. 그리고 그 지점에서 나는 입사 이후부터 나를 짓눌러오던 '위화감'의 원천을 명확히 이해할 수 있었고, 결단했다. 더는 내 시간을 누군가의 '성과'로만 쓰이게 둘 수 없다는 것을. 그 순간부터 나는 '조직 안의 나'가 아닌, '조직 밖의 나'를 구체적으로 생각하기 시작했다.

회사가 아닌 내 이름으로, 내 방식대로 일해보고 싶다는 갈증이 피어올랐다. 어떤 일이든 내 기준으로 결정하고, 내 방식대로 실험해보고, 실패조차도 오롯이 내가 감당하고 싶었다. 내가 '나로서'

존재하고 싶다는 욕망이었다. 책임을 회피하고 싶어서가 아니었다. 오히려 정반대였다. 진짜 책임을 지고, 진짜 성장을 하고 싶었다.

회사에서 받는 지시는 안전하고 효율적일지 몰라도, 나를 성장시키지는 않았다. 반복되는 루틴, 예측 가능한 업무, 정해진 답. 그것들 속에서 나는 점점 '기능'이 되어가고 있었다. 내 이름으로, 내 철학으로, 내 손으로 무언가를 만들어가고 싶었다. 결과가 어떻든 간에 그것이 '나의 것'이길 바랐다. 그게 아니면 나는 계속 누군가의 들러리로, 누군가의 스토리에 끼워진 조연으로 남을 것 같았다.

그리고 나는, 더 이상 그런 인생을 살고 싶지 않았다.

| 그래서 시작한 첫 번째 '작은 시도'_
블로그, 크몽, 인스타그램, 공돌이현직자의 시작

그렇게 퇴근 후 주어진 시간, 많아야 3~4시간. 아주 작은 시도부터 시작했다. 물론 방향은 정해지지 않았다. 처음엔 무엇을 해야 할지 감조차 오지 않았다. 2020년 무렵, 많은 이들이 신사임당이라는 인플루언서를 따라 스마트스토어나 위탁판매에 뛰어들었지만, 나는 이상하리만치 그쪽은 전혀 끌리지 않았다.

그러다 우연히 '크몽'이라는 사이트를 발견했다. 아무런 기대 없이 가입하고 둘러보던 중, '자기소개서 첨삭'이라는 항목이 눈에 띄었다. 운명처럼 보였다. 대학 시절 나를 가장 돋보이게 했던 것이 바로 그 글쓰기였기 때문이다. 기억을 더듬자 당시의 나와, 글쓰기를 어려워했던 동기들의 모습이 떠올랐다. 대부분의 지원서가 형식적이고 진부했지만, 나는 항상 스토리를 구조화하고 직무적합성을 담아냈다.

심지어 선배들도 "야, 네 글은 다른 애들이 쓴 거랑 좀 다른데? 그냥 붙겠는데?"라고 말할 정도였다.

물론 사실 나는 원래 글을 꽤 잘 쓰는 편이었다. 학창 시절부터 이과임에도 불구하고 늘 글쓰기 대회에 나갈 정도였다. 그리고 그걸 증명이나 하듯 대학생 때 현대자동차 인턴 지원을 시작으로 대기업 공채 과정을 거치며 총 20개 기업 중 18곳에서 서류 합격을 받았다. 이 기억들이 강하게 연결되며 나는 확신하게 되었다. "바로 이거다!" 내 경험을 바탕으로 사람들에게 도움을 줄 수 있다는 생각. 그렇게 미약했지만 확신을 갖고 블로그 활동을 시작했다.

> **당시 '인사팀' 출신 컨설턴트는 많았지만
> '현직자'는 아무도 없었다.**

대기업 취업 과정을 오롯이 겪은 나는 '인사팀'의 낡은 지식은 취업 과정에서 큰 도움이 되지 않음을 명확히 알고 있었다. 그래서 '현직자'라는 나의 무기를 앞세워 브랜딩하는 전략을 수립했다. 그렇게 2020년 9월, 내 인생을 송두리째 바꾼 '공돌이현직자'가 탄생했다.

35,000원의 희열,
그리고 대기업
월급을 넘기 까지

The thrill of 35,000 won,
and until surpassing a large
corporation's salary

(#컨설팅)

(#진정성)

(#후기)

(#SNS)

(#전자책)

(#펀딩)

실전에서 탄생한 공돌이 현직자

35,000원, 첫 고객이 안겨준 희열이었다. 내가 쓴 단 한 줄의 문장이 누군가에게는 삶의 방향을 제시했다는 사실이 가슴 벅찼다.

나의 자기소개서 작성 전략을 담아 블로그에 6편의 글을 연재했고, 200만 명이 넘는 취준생들이 모인 대형 커뮤니티 '독취사'와 '스펙업'에 홍보 글을 올렸다.

동시에 크몽에 자기소개서 첨삭 서비스를 등록하며 본격적인 활동을 시작했다.

| 첫 고객, 35,000원의 희열_

내가 쓴 글 한 줄이, 누군가에겐 방향이 되었다.

처음에는 블로그에 내가 나름대로 정립한 '자기소개서 작성 전략'에 대해 6편의 글을 연재했다. 그리고 취준생이라면 모두가 알 수밖에 없는 회원 수 200만 명의 대형 커뮤니티 '독취사'과 '스펙업'에 홍보 글을 올리기 시작했다. 동시에 크몽에도 처음으로 자기소개서 첨삭 서비스를 등록했다.

솔직히 큰 기대는 없었다. '이걸 누가 보긴 할까?' 싶은 마음으로 올렸고, 가격도 35,000원으로 책정하면서 '너무 비싼 건 아닐까'라는 걱정도 들었다. 누군가 내 글에 돈을 지불할까? 내심 불안했다. 그런데 놀랍게도 단 2주 만에 블로그를 통해 크몽 서비스에 구매 문의가 들어왔다. 나는 진심으로 놀랐고, 동시에 엄청난 책임감을 느꼈다. 그저 한 장짜리 문서가 아니었다. 누군가의 커리어, 인생이 걸려있는 일이었고, 그 사람이 나를 믿고 맡긴 일이었다.

단돈 35,000원. 금액을 떠나 내 콘텐츠에 대한 첫 구매였기에 벌써 5년이 넘게 흐른 지금까지도 잊지 않고 선명하게 기억하고 있다. 나는 이날 이 고객의 자소서를 위해 거의 새벽 3시까지 첨삭을 진행했다. 그리고 첨삭을 하며 난생처음으로 일에 있어 '몰입'이라는 감정을 느꼈다. 마치 내 일처럼 글을 뜯어보고, 지원자의 경험을 토대로 방향을 제시하고, 표현 하나하나를 고민했다. 지금까지 정립한 합격 전략을 모두 녹여 직무적합성이 최대한 돋보이도록 퇴고를 거듭했다.

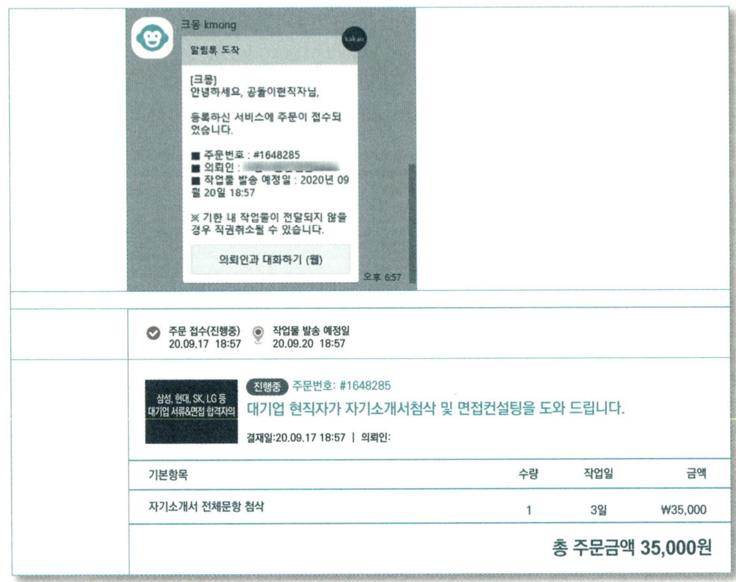

작업을 마무리한 후 파일을 보내며 메시지를 썼다. "지원자님이 쌓아 온 경험과 성과가 직무 JD에 Sync될 수 있게끔 전체 첨삭을 진행했습니다. 그 과정에서 불필요한 단어, 문장 등을 모두 삭제하고 '기승전결'의 짜임을 통해 그 직무 적합성이 잘 전달되는 데 초점을 두었습니다."

그 결과 아래와 같은 후기를 받을 수 있었다.

이 순간은 내가 회사에서 특허 출원으로 최고 등급을 받아 보상금을 받았을 때도, 연구결과가 임원 기술 회의에 올라가 전체 발표에서 좋은 평가를 받았을 때도, 심지어는 그 성과를 인정받아 첫 상위 고과를 받았을 때도 느껴볼 수 없었던 '희열'이었다.

공돌이현직자

석탄 같았던 글이 다이아몬드처럼 빛나게 바뀌었다는 극찬 후기

다른 사람이 보기엔 단돈 35,000원의 거래였을지 모르지만, 나에겐 그렇지 않았다. 처음으로 '내가 누군가에게 도움이 되었다'라는 실질적인 감각이 생긴 순간이었다. 그날 이후 나는 확신했다.

> 이 일은 지금은 작지만, 진짜 나를 찾을 수 있는 일이다."

처음으로 내 이름으로, 내 실력으로 만든 가치를 누군가가 받아주었다. 그것만으로도 나는 계속해서 앞으로 나아갈 원동력을 얻었다.

| 불과 한 달, 월 100만 원의 확신_
작지만 분명한 수요가 있었고, 나는 그걸 놓치지 않았다.

첫 구매가 일어난 후 놀랍게도 구매는 계속해서 이어졌다. (이 부분에서 나는 정말 운이 좋은 case라고 느껴진다. 아마도 당시에는 정확히 몰랐지만 계속된 블로그 글 연재와 카페에서의 활동이 마케팅에 적중했던 것 같다)

5일이 채 지나지 않아 10건이 넘는 구매가 발생했고, 그날 이후 나는 퇴근 후 엔지니어가 아닌 컨설턴트로서의 삶을 살기 시작했다. 하루 8~10시간을 회사에서 일한 뒤, 다시 집에서 3~4시간을 더 일했다.

다만, 그 3~4시간은 이전에 내게 익숙했던 업무와는 전혀 다른 종류의 에너지를 불러일으켰다. 회사 일은 주어진 업무를 수행하는 것이었다면, 퇴근 후의 일은 '내가 만든 일'을 책임지는 일이었다.

시작은 단 한 명의 고객이었지만, 그 한 사람으로 인해 내 안의 어떤 확신이 움직이기 시작했다. '이건 누군가는 분명히 필요로 하는 일이다. 그리고 나만이 줄 수 있는 가치가 있다.' 그리고 또 한 가지, 사실 사업이라고 할 것도 없는 자그마한 부업 정도였지만 첫 작업을 통해 고객과 직접 대면하게 되면서 앞으로도 어떤 일이 있든 간에 '이것'만은 반드시 지키고자 다짐했다.

> 그 '이것'은 바로 우리의 책을 관통하는
> 제1 주제 '진정성'이다.

그때까지 나는 사업을 해본 경험이 전혀 없었다. 오히려 사업과는 정반대인 '대기업'이라는 톱니바퀴의 일원이었다. 하지만 직감적으로 이해할 수 있었다.

 공돌이현직자

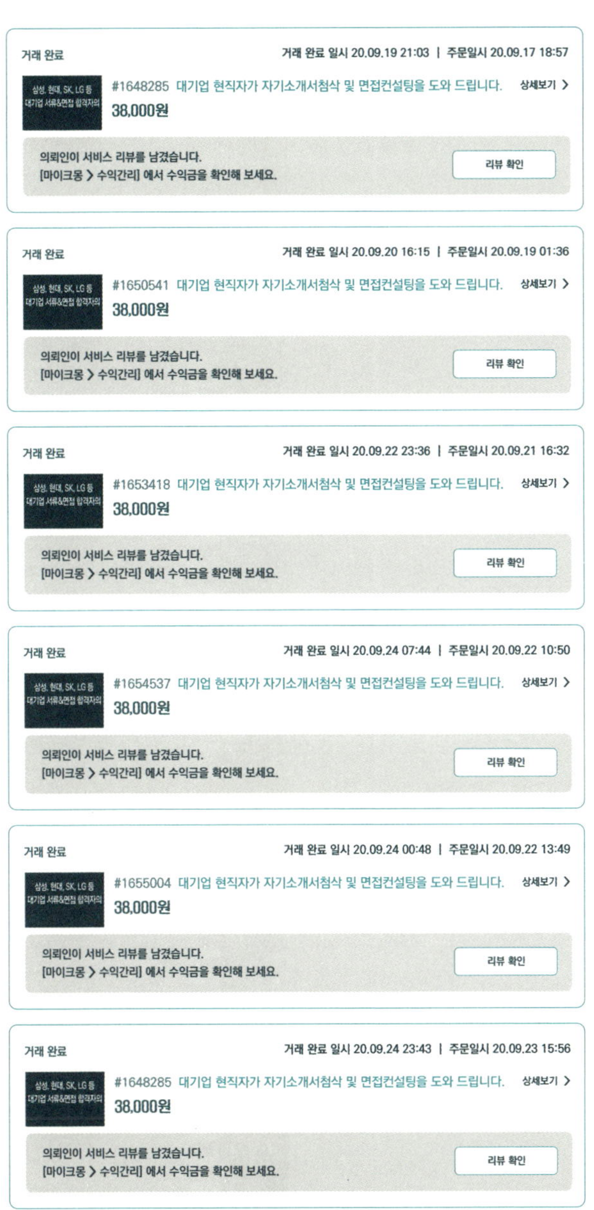

서비스 런칭 후 계속해서 결제가 이뤄지는 모습

이후 나는 진정성을 무기 삼아 늘 2배 이상의 가치를 제공하고자 노력했고, '고객 불만족 시 100% 환불'이라는 파격적인 슬로건을 내걸고 서비스를 확장했다. 블로그에 올렸던 글들을 가다듬는 한편, 지인 디자이너의 도움을 받아 상세 페이지에 실제 컨설팅 과정을 시각적으로 담아냈다. 무엇보다 기존 첨삭시장에 만연했던 일반적인 '피드백'수준의 피상적인 첨삭이 아닌 모든 문장을 철저히 분석하고 수정하는 '완전 첨삭'을 지향하며 고강도 컨설팅 시스템을 구축했다.

의도한 것은 아니었지만 운이 좋게도 당시 시점이 채용시기와 맞물려서 생각했던 것 보다 더 빠르게 크몽 컨설팅 수익이 월 100만 원을 넘길 수 있었다.

20년 09월	세금계산서 발행 금액 80,600원 (VAT 포함)
	판매금액: 403,000 | 수익금: 322,400 | 세금계산서 작성일자(구매확정 월): 20.09.29
	상세 내역 보기 ✅

20년 10월	세금계산서 발행 금액 324,200원 (VAT 포함)
	판매금액: 1,621,000 | 수익금: 1,296,800 | 세금계산서 작성일자(구매확정 월): 20.10.31
	상세 내역 보기 ✅

이는 100만원이라는 상징적인 숫자를 넘어 직장인이 아닌, 개인 '나'의 이름으로 이뤄낸 첫 결과물이었다.

공돌이현직자

이 지점에서 내가 반드시 강조하고 싶은 부분이 있다. 이는 이 책을 읽는 독자들이 가장 놓치기 쉬운 부분인데, 많은 사람이 이 시점의 '월 100만 원'이라는 결과만 보고 "부럽다, 나도 월급 외 부수입이 있으면 좋겠다."라고 생각한다. 하지만 단언컨대, 무언가를 새로 시작할 때, 절대 돈을 좇아서는 안 된다.

다음 페이지 후기를 살펴보자. (처음 시작했을 때 크몽 아이디가 전설의 시작이었다. 현재는 '공돌이현직자')

누구나 어떤 상품을 구매했을 때, 너무나 감동한 나머지 이렇게 길게 후기를 남겨본 경험이 있을 것이다. 그때의 기분을 한번 생각해보자. 그리고 다시 여러분이 무언가를 판다고 가정할 때, 이런 후기를 받으려면 어떻게 해야 할까? 대충 감이 올 것이다. 물론 개인마다 조금은 다를 수 있지만 확실히 말할 수 있는 가장 분명한 건 '돈이 아깝지 않다'라는 생각이 들어야 한다는 점이다.

초기의 내 상품 단가는 35,000원이었고, 고객 한 명을 위한 작업을 하는 데 소요된 평균 시간은 5시간이었다. 시급으로 따지면 7천 원도 채 안 되는 셈이다. 하지만 나는 그 시간 동안, 내 모든 걸 쏟았다. 그리고 고객들은 하나같이 '돈이 아깝지 않다'는 반응을 보였다. 그 리뷰들이 지금의 나를 만들었다. 그리고 지금까지 약 1,000개에 가까운 후기가 쌓이며, 나라는 사람과 브랜드에 대한 신뢰를 형성했다. 다시 말하지만, 진정성은 단지 전략이 아니라 서비스 판매를 지속하기 위한 전제조건이다.

★★★★★ **5.0** 20.09.22 23:36
인*****

처음으로 자소서 쓰는데 너무 막막했습니다. 첨삭과정에서 하나하나 교정해 나가고 완성되가는 자소서를 보며 벌써 합격했다는 자신감이 들정도네요 ... 우연한 계기로 들어왔는데 정말 많이 배우고 갑니다. 자소서 처음 쓰시는 분들 고민하지 말고 첨삭받으시길바랍니다. 비용이 전혀 아깝지 않았습니다.

작업일: 1일 · 주문 금액: 5만원 미만

> **공돌이현직자** 20.09.23 00:14
> 와 ~! 좋은후기 감사드립니다^^ 누구에게나 처음은 어려운법입니다. 첨삭이 거듭될수록 발전하는 모습이 보여 저역시도 너무뿌듯했습니다. 좋은결과 있으면 꼭 알려주세요!

★★★★★ **5.0** 21.02.18 16:40
미*****

감사한 정도가 아니라,,, 이분은 진짜 전문가 입니다. 사실 부끄럽지만 저는 자소서를 쓰는 방법조차 전혀 몰랐습니다 인터넷 검색해서다른 자소서를 참고해도 제 이야기 아니라 쓰기 정말 어려웠습니다. 크몽 거래를 몇번 해봤지만 원픽입니다. 믿고 맡기셔도 되는 최고의 전문가 입니다.

작업일: 2일 · 주문 금액: 5만원 ~ 10만원

> **공돌이현직자** 20.09.23 00:14
> 와 ~! 좋은후기 감사드립니다^^ 누구에게나 처음은 어려운법입니다. 첨삭이 거듭될수록 발전하는모습이 보여 저역시도 너무뿌듯했습니다. 좋은결과 있으면 꼭 알려주세요!

공돌이현직자

★★★★★ **5.0** 20.09.19 21:03
보*****

정말 여러분 꼭 전설의 시작님께 부탁하세요! (강.력.추.천)

자소서 작성부터 그냥 모든게 처음이었던 만큼 많이 서툴고 첨삭 받는 과정에서도 계속 어리버리 했는데 단순히 글을 정리해주시는게 아니라 어떤 문항에서는 어떻게 작성해야 하는지 디테일한 가이드부터 경험담과 꿀팁, 진정성 있는 피드백까지 ..정말 제 글이 이렇게 변할 수 있는지도 몰랐고 결과물 볼 때마다 너무 만족스러워요TT. 자소서 소재 관련해서도 현직자와 기업 입장에서 어필할 수 있는 요소들을 확실하게 골라주시고 요청 사항이나 고민되는 부분들도 단순히 답만 주시는게 아니라 '같이' 고민해주셔서 더 완성도 높은 결과물이 만들어진 것 같아요!! 늦은 시간까지 친절하고 빠르게 답장해주시고 신경써주셔서 감사드리고 덕분에 기간 안에 잘 마무리할 수 있었습니다!!! 정말 감사합니다. 전설의 시작님!!!! 좋은 소식으로 보답할 수 있도록 최선을 다하겠습니다~!!

작업일: 2일 · 주문 금액: 5만원 미만

> 공돌이현직자 20.09.19 22:26
>
> 첫구매 해주셔서 감사합니다! 의뢰인분께서는 자기소개서에 어필할 수 있는 재료 굉장히 많아 수월하게 작업할 수 있었습니다.아무쪼록 좋은 결과있기를 고대하겠습니다. 감사합니다~

★★★★★ **5.0** 20.09.20 16:15
건*****

정말 저만 알고 싶은 분이네요 ..!
저는 글의 전반적인 흐름뿐만 아니라 직무 역량이 잘 맞는지 고민이 많았는데,어떤 점을 어필할 수 있는지 꼼꼼히 봐주십니다.제가 글을 너무 못썼는데 친절하게 하나하나 설명해주십니다.늦은 시간에도 답장해주시고 최대한 빨리 주시려고 하시는 모습이 정말 감사했습니다 앞으로도 자소서 맡길일이 생기면 전설의 시작님한테 맡길거 같네요정말 감사합니다~

작업일: 1일 · 주문 금액: 5만원 미만

> 공돌이현직자 20.09.24 01:19
>
> 지원자분의 자기소개서에는 활용할 수 있는 재료가 참 많아 첨삭이 수월하게 진행 되었습니다.
> 믿고 맡겨주셔서 정말 감사드립니다 ^^ 꼭 좋은결과 있기를 기원하겠습니다. 화이팅 !!

★★★★★ **5.0** 20.09.24 00:48
미*****

저와 같이 직군도 고민해주시고, 일기장 같던 제 자소서를 가이드 해주셔서 정말 감사합니다!! 정말 많은 도움이 되었어요. 특히 갈피를 못잡고 초고조차 제대로 쓰지 못하는 저의 자소서를 밤 늦게까지 고쳐주시고 정말로 감사드립니다!!

작업일: 2일 · 주문 금액: 5만원 미만

> **공돌이현직자** 20.09.24 00:52
>
> ^^ 사실 처음에 받은 메일보고 참 많이 걱정했습니다. 하지만 가이드 드린대로 하루만에 재작성해서 보내주신 자기소개서 읽어보니 제 걱정이 기우였네요 정말 놀랐습니다! 아무쪼록 좋은 결과 있기를 기원합니다.

★★★★★ **5.0** 20.10.12 00:20
따*****

제가 받았던 자소서첨삭중에 가장 꼼꼼하고 정말 직접지원하시는 것처럼 작성해주십니다.,,,TT(감동이예요) 진짜 기업분석도 같이해가면 방향성 설정해주시고 문단도 깔끔하게 나눠주셔서 정말 술술읽힙니다. 제가 인사담당자라고 해도 이런 자소서를 더 좋아하겠다 싶을 정도로 가독성, 눈에 띄는 소제목으로 만들어주십니다!! 저의 경험, 대학수상경력 이런것도 다 세세히 물어봐주시면서 직무랑항목에 제일 잘맞는 경험 찾아주시고 글 방향성도 잡아주셔서 정말 좋았습니다. 그리고 코멘트도 자소서 예시랑 왜 이렇게 쓰면 안되는지 꼼꼼하게 설명해주셔서 추후에 혼자 자소서를 쓸때 도움이 많이 될 것 같았어요! 정말 감사드립니다TT 자소서가 헛되지 않게꼭 합격해서 좋은 결과 알려드리고 싶습니다:)더 이상 첨삭 받을 일이 없으면 좋겠지만,,, 있다면 앞으로도 자소서 첨삭은 공돌이 분한테만 맡길 것 같네요!

작업일: 2일 · 주문 금액: 5만원 ~ 10만원

> **공돌이현직자** 20.10.12 01:33
>
> [인테리어/건설직무 첨삭] 와우!! 이런 정성스러운 후기를 남겨주셔서 정말 감사드립니다. 지원자 분이야 말로 기업에서 꼭 뽑아가셔야 하는 인재입니다. 술술 읽히는 자소서를 만들어 드렸으니 이번에는 꼭 좋은결과 있을것 같습니다. 다시한번 구매해주셔서 감사드리고, 합격소식 꼭 들려주셨으면 좋겠습니다. 수고많으셨습니다.

여러분들이 생산자로서 어떤 상품을 판매하는 것을 목표로 한다면 반드시 이것만은 명심하자.

> “‘돈이 전혀 아깝지 않다’라는 후기가 밥 먹듯이 올라올 정도로 모든 것을 쏟아야 한다.”

요즘 정말 안타까운 건 ‘누워서 2시간 투자로 월 1,000’, ‘고졸도, 아줌마도 1시간 투자로 월 500’ 등 말도 안 되는 키워드에 낚여 오로지 ‘돈’만 바라보고 N잡을 시작하는 분들이 참 많다는 것이다.

5년간 N잡을 통해 사업화에 성공한 내가 감히 단언할 수 있는 것은 그렇게 했을 때 운이 좋아 반짝 잘될 수 있어도 절대 롱런할 수는 없다는 것이다. 나는 2020년 10월 첫 월 100만 원을 달성한 후 5년이 지난 현재까지도 아래 가치를 매일 가슴속에 새기며 고객을 응대하고 컨설팅을 진행하고 있다. 그리고 앞으로도 이 슬로건은 변함없이 나와 내 회사의 아이덴티티가 될 것이다.

> 진짜 컨설팅이란 진심에서 출발해야 한다.
> 고객이 어떤 금액을 지불했든, 그 두 배 이상의 가치를 체감하게 해야 한다.”

2023년 1월 1일, 드디어 SNS와 만나다_

‘인스타는 인생의 낭비’라는 편견을 깨고, 가능성으로 바꾸다.

이후 2021~2022년은 기본 Base를 다지는 시기였다. 퇴근 후 주어진 시간은 많아야 4시간이었기 때문에 섣부른 확장보다는 내실을 다지는 데 힘을 썼다. 후기는 계속해서 쌓였고 어느새 나는 자기소개서 첨삭 카테고리 섹션인 '연구/건설/생산' 부분에서 1등 컨설턴트로 자리매김할 수 있었다.

이 2년의 과정 속에서 나는 절대 소비자를 기망하지 않았다. 당시 크몽에는 '학점 2점대도 합격', '무스펙도 누구나 합격' 가능하다는 과장 광고가 많았지만, 나는 오히려 그런 세태에 반발하여 정반대의 전략을 택했다.

"Spec이 충분해야 합격할 수 있다. 그 상태에서 나를 찾아오면 최고의 선택이 될 것이다"라는 카피를 내세웠다. 과장 없이, 있는 그대로의 정보를 전달했고, 그 대신 내가 줄 수 있는 전략적 직무 설계와 자기소개서 첨삭 컨설팅을 철저히 제공했다.

솔직히 과장 광고를 했다면 매출을 단숨에 끌어올릴 수 있었을 것이다. 하지만 내 성격에 맞지 않았다. 진정성 하나만으로 묵묵히 내가 줄 수 있는 가치를 전달하며 2년간 안정적으로 월급 정도의 매출을 유지했다. 그러던 어느 날, '나는 이렇게 열심히 하는데 왜 작은 틀을 벗어나지 못하는 걸까?'라는 생각이 들었다. 해답은 결국 채널에 있었다. 블로그와 크몽이라는 플랫폼만으로는 한계가 있었다. 그러다 아내의 인스타그램에서 자기소개서 관련 계정을 하나 보게 되었다. 나는 그때까지 인스타그램은 시간 낭비라고 여기며 계정조차 만들지 않았었다.

 공돌이현직자

처음 만들었던 투박한 피드들은 현재 모두 숨김 처리했다.

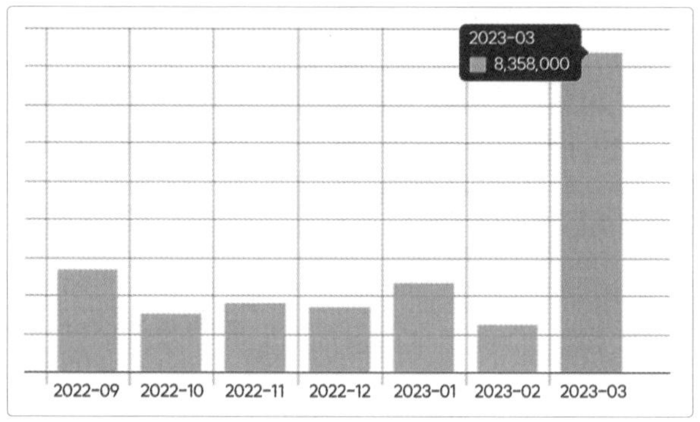

23년 1월, 인스타를 시작하고 단 두 달 후의 매출 변화

자극적인 광고 문구들이 난무했지만, 예상외로 반응은 긍정적이었다. 심지어 이미 수만 명의 팔로워를 거느린 취업 관련 인플루언서도 눈에 띄었다. 2023년 새해 첫날, 나는 마침내 '공돌이현직자'라는 이름의 인스타그램 계정을 개설하며 새로운 도전을 시작했다. 디자인 감각이 부족한 나를 대신해 카드뉴스 제작은 아내가 전담했는데, 아내의 도움 덕분에 계정을 성공적으로 운영할 수 있었다.

(나는 참 운이 좋은 사람이다. 일찍 결혼할 것을 추천한다! 특히 남자들은 결혼을 해야 인생이 바뀐다.)

그렇게 나의 이야기를 담은 콘텐츠가 하나둘 쌓여갔고, 이미 수백 명의 컨설팅을 통해 증명된 바 있는 전략들이었기 때문에 블로그 내용을 바꾸는 형태로 카드뉴스를 빠르게 발행하며 1,000명, 2,000명의 팔로워를 모을 수 있었다. 이 과정에서 정말 놀라웠던 것은 2년간 운영했던 내 블로그보다 단 2,000명의 팔로워밖에 없었던 인스타그램 계정의 파급력이 컸다는 것이다.

　　　　　　　　　　　　　　　　　　　　　공돌이현직자

‘크몽’이라는 한 채널에 머무를 때보다 고객 문의가 두 배 이상 많아졌고, ‘스토리’ 기능을 통해 지원자님들로부터 받은 컨설팅 후기들과 대기업 합격 후기들을 팔로워들에게 실시간으로 인증할 수 있게 되었다. 비로소 퍼스널 브랜딩, SNS 기반의 수익화 등 이전에는 책에서만 보던 키워드들이 내 일상과 연결되기 시작했다.

인스타그램은 더 이상 남의 성공을 구경하는 공간이 아니라, 나의 브랜드를 설계하는 가장 강력한 도구가 되었다. 이후 취업컨설팅 시장에서의 가장 성수기인 3월을 맞이했고, 그렇게 SNS를 시작한 지 불과 3개월 만인 2023년 3월, 고객이 너무 많아 예약 대기가 50명이 걸릴 만큼 인지도를 높일 수 있었다.

여기서도 또 여러분에게 강조하고 싶은 것이 있다. 여러분들이 보기에 ‘와, 3달 만에 이게 된다고?’라고 생각할 수 있는 이 대목은 사실 5년이라는 기나긴 시간을 통해 얻은 결과라는 점이다. 사업 시작 전 3년간 회사에서의 고뇌, 이후 2년간 ‘진정성’을 담았던 컨설팅과 그로 인해 따라온 수많은 ‘찐’ 후기들이 있었기에 가능한 결과라는 것을 강조하고 싶다.

누워서 핸드폰을 만지작 하는 것만으로 월 500을 버는 일은 없다. 아직도 그러한 자극적인 광고와 카피에 당신의 시간을 쓰고 있다면 제발 깨어나길 바란다. 그리고 지금 당장 메모지를 꺼내 내가 가장 잘하고 좋아하는 일을 나열한 뒤 그걸로 다른 사람들에게 어떠한 가치(도움)을 줄 수 있는지 연결해보자. 그리고 가장 중요한 것! 이미 그러한 SNS 계정이나 상품이 시장에 있는지 확인하자.

만약 그 상품이 있다면?

축하한다. 당신 또한 그 사람들처럼 될 수 있다.

| '1:1 첨삭 컨설팅'에서 1:N 브랜드로의 확장_
첫 전자책 펀딩 도전, 반복 작업이 아닌 자동화시스템을 구축하다

나의 브랜드가 탄생하면서 이전까지는 겪어 본 적 없었던 문제가 발생했다. 모든 작업이 철저히 1:1 맞춤형 작업이었기 때문에 결국 내가 하지 않으면 아무일도 일어나지 않는 구조였다.

SNS 개설 이전에는 고객이 그리 많지 않았기 때문에 이 시스템이 별문제가 되지 않았다. 그러나 브랜드가 개설되자 이는 실제적인 한계로 다가왔다. 이때부터는 회사 일과 내 사업을 병행하는 것이 다소 힘에 부쳤고, 점차 의도하지 않게 연차를 쓰는 등 기존에 유지해오던 나만의 시스템이 과부하에 걸리고 있었다.

이 문제를 해결하기 위해 1:1이 아닌 1:N으로의 확장에 도전했다. 그 첫 시도가 바로 전자책이었다. 약 1,000건에 가까운 컨설팅 사례, 수많은 서류합격 사례들이 나만의 Data로 남아있었기에 제목 선정부터 내용 구성까지 일사천리로 기획 및 진행을 할 수 있었다. 물론 이런 질문을 할 수도 있을 것 같다. '전자책을 쓰는 게 쉬운가? 엄청 어려울 것 같은데.' 여기에 대한 내 답변은 이렇다.

N잡러나 사업가라면 누구나 자동화와 시스템을 고민하게 된다. 이때 중요한 것은 '진정성'과 사업의 '밀도'이다. 진정성을 담아 컨

공돌이현직자

설팅한 덕분에 수많은 합격 사례와 데이터를 축적할 수 있었고, 높은 밀도로 업무를 진행했기에 모든 데이터가 머릿속에 구조화되었다. 따라서 제목을 짓거나 내용을 작성하는 것이 어렵지 않았다. (지금 생각해보면 당시 어떻게 해냈는지 놀라울 따름이다.)

나는 이미 이 책의 제목을 '대기업 취업의 바이블'로 정하고, 컨설팅 전략을 바탕으로 목차를 상세하게 구성했다. 어디에서나 얻을 수 있는 단편적인 정보는 담고싶지 않았다. 1,000건에 가까운 컨설팅에서 얻은 실제 합격 자소서 예시, 자소서 디자인 전략, 최신 대기업 기출 문항별 상세 가이드까지, 대기업 현직자만이 알려줄 수 있는 자소서와 면접의 최신 합격 트렌드를 모두 담았다.

공돌이현직자
24년 대기업 필승, 대기업취업의바이블 2.0 초격차취준생
24년 상반기에만 100명의 합격자를 배출한 대기업취업의 바이블 2.0 - 초격차 취준생

1804% 9,020,400원　　　　　**프로젝트 성공**

공돌이현직자
대기업자소서, 면접 한번에 끝내는 '대기업 취업의 바이블'
대기업취업을 위한 자소서부터 면접까지 한번에 끝낼 수 있는 '대기업취업의 바이블' 시리즈

405% 2,025,000원　　　　　**프로젝트 성공**

텀블벅이라는 펀딩 사이트에서 진행되었던 펀딩들, 현재 3.0 버전이 출시 예정이다.

이로써 1:1 컨설팅에서만 제공되던 나만의 전략을 담은 콘텐츠를 세상에 공개할 수 있게 되었다.

당시 펀딩이 유행하고 있어 나 또한 펀딩 사이트에서 시작했고 목표했던 후원액보다 4배 이상을 모금하는 데 성공했다. 드디어 2023년 8월 나의 '콘텐츠'에 실질적인 대가를 지불하며 기다리고, 읽고, 피드백을 주는 새로운 고객들이 생겼다. 이는 이전의 컨설팅과는 달리 새로운 '독자'가 만들어 진 순간이었기에 매우 뜻 깊었다.

이 전자책은 이후 2.0, 3.0 버전으로 확장되었고 내가 본격적으로 '공돌이현직자'라는 브랜드를 하나의 IP로 발전시키는 중요한 기반이 되었다. 그리고 현재 이 책은 컨설턴트들도 몰래 구매해서 참고하는 책이 되었다. (에XXX 컨설턴트님 보고 계신가요? 하하)

어떤 이들은(소위 마케팅 전문가) 이것을 '퍼널'이라고 말한다. 전자책을 구매한 지원자분들이 나의 1:1 컨설팅 상품으로 연결되는 마케팅 전략. 그런데 아이러니한점은 나는 지금까지 사업을 영위해옴에 있어 그 어떤 '팔기 위한 전략'을 실행한 적이 없다. 퍼널은 더더욱 마찬가지다. (이 단어 자체를 2025년도에 처음 알게 되었다.) 나는 5년간 오로지 진정성으로 컨설팅했고, 그것은 내 고객들의 '대기업 최종합격'으로 돌아왔으며, 그 자체가 나만의 퍼널이 되어 더 많은 고객과의 접점으로 연결되었다.

돈을 좇지 말라는 이야기의 핵심이 바로 이걸 말하는 것이다. 요즘 어떤 분야를 막론하고 클래스 시장에는 무료강의, 무료 전자책 등으로 사람을 모은 후 그곳에서 수백만 원대의 본 강의를 판매한다.

앞에서는 '여러분들을 위한 것'이라고 광고하지만 뒤에서는 전환율이 얼마고, 얼마를 벌었고 등을 수치화해서 본인들끼리 자랑한다. 나는 이런 부류를 혐오한다. 이런 사업의 구조는 절대 롱런할 수 없다. 롱런하더라도 시장에서 좋은 평가를 받을 수 없다. 내 경험상 고객과 실시간으로 소통하는 사업의 경우 돈이라는 수치화된 가치가 아닌 '사람'을 좇는다면 돈은 반드시 따라오게 되어있다.

| 진짜는 절대로 꺾이지 않는다_
영화 타짜 김응수 배우님의 대사 中

> " 내가 달건이 생활을 열일곱에 시작했다. 그 나이때 달건
> 이 시작한 놈들이 백 명이다 치면은, 지금 나만큼 사는
> 놈은 나 혼자뿐이야. 내가 어떻게 여기까지 왔느냐?
> 잘난 놈 재끼고 못난 놈 보내고 안경잽이같이 배신하는
> 새끼들은 다 X였다."

여기까지 읽으셨다면 어쩌면 이렇게 생각할지도 모르겠다. '아니 이 사람은 처음부터 잘됐네?' '자기소개서 첨삭이 이렇게 돈이 된다고? 나도 바로 해야겠다.'

만약 이런 생각이 들었다면 지금 바로 크몽에 접속해서 자기소개서 첨삭 섹션에 몇 개의 상품이 포진해 있는지 확인해보라.

이 원고를 작성하는 2025년 6월 기준, 해당 섹션에만 841개의 서비스가 등록되어 있다. 즉, 엄청난 레드오션이라는 뜻이다. 이미 841개의 서비스가 있는데 새로 진입한 여러분들의 상품이 선택될 확률은 거의 없다.

크몽 뿐만 아니라 네이버에 '자기소개서 첨삭'과 같은 키워드를 검색하면 수도 없이 많은 서비스들이 검색된다. 내가 사업을 시작했던 2020년 이래로 지금까지 자기소개서 컨설팅 시장은 언제나 '춘추전국시대'다. 접근하기 쉽다는 점이 아마도 많은 직장인들을 이 시장으로 이끄는 것 같다.

인스타그램에는 자칭 전문가들이 매일같이 쏟아지고 있고 크몽과 블로그, 유튜브 등 참 많은 곳에서 많은 이들이 컨설턴트를 자처한다. 하루가 멀다 하고 새로운 계정이 생기고 심지어는 내 글과 디자인을 표절한 콘텐츠들도 심심찮게 찾아볼 수 있다. 이 시장만 그럴까? 아니다. 내 생각엔 여러분들이 생각할 수 있고 접할 수 있는 거의 모든 시장은 동일하다.

월사남 동료인 허니제이 님의 부동산, 리얼딜 에릭 님의 영어 등 모든 시장이 레드오션이다.

그래서 뭘 말하고 싶은 거냐고?

또, 똑같은 맥락이다. 제발 돈을 좇지 말자.

처음 생기는 계정들의 유형은 하나같이 똑같다. 자극적인 홍보, 화려한 디자인, 지나치게 확신에 찬 멘트들. 그리고 왜 그런지는 아직까지 정말 모르겠지만 이미 시장에 자리 잡은 브랜드들의 가격을 그대로 차용한다. (아마 스스로에 대한 메타인지가 안 되는 것 같다. 처음 시작한다면 반드시 가격을 낮춰서 경쟁력을 가져가자.) 그렇게 모두 잠깐의 매출을 올렸을지는 모른다. 그러나 결코 오래가지는 못한다. 매년 이런 반복되는 상황을 보고 있자면 앞에서 이야기한 영화 타짜에서 김응수가 했던 명대사가 생각난다. 소위 말해 어설프게 돈만 보고 접근하면 한철 장사하다 나가떨어진다는 뜻이다.

내 경험도 정확히 동일하다. 시간이 흘러가면 결국 살아남는 건 '진정성'을 담아왔던 진짜뿐이다. 내가 지금까지 만나왔던 사람들 중 성공하고 그 성공이 오래 지속되었던 사람들은 언제나 진정성을 담고 있었고, 오랜 기간 꾸준히 인풋을 쏟아부은 사람들이었다. 그리고 나는 이 시기를 'J커브'라고 표현한다. 콘텐츠는 계속 쌓이는데 반응은 그다지 크지 않고 수익은 오히려 주춤하는 시간. 시급으로 따지면 5천 원도 될까 말까라 차라리 회사에서 야근하는 게 더 이득인 것 같은 생각이 드는 시간.

나 역시 2021, 2022년 이 2년 동안 그러한 시간을 겪었다. 대기업 채용이 없는 비수기에는 한 달에 5건의 작업만을 한 적도 있었고, 2주일 동안 문의가 한 건도 없었던 적도 있었다. 많은 사람들은 이 시점에서 포기한다. ROI가 낮아 보이고, 피로감만 쌓인다고 생각하기 때문이다.

특히 직장인들은 명심해야 한다. 초기에는 그 어떤 일이든 Input만 쏟아부어야 하는 J커브의 시간이 반드시 필요하다. 그런데 놀랍게도 내가 경험한 내 주위 직장인들은 본인이 어떤 일을 하면 반드시 즉시 '보상'을 얻어야 한다고 생각한다. (아마 직장생활에서 학습된 월급과 야근비 때문일 것이라 추측한다.) 그래서 그런지 단기간에 돈을 벌 수 있는 것에만 열광하고 '노력'과 'Input'을 필요로 하는 것에는 흥미가 없다. 나는 정확히 이와 정반대로 임했다.

2020년 9월부터 5년이 지난 현재까지 매일 같은 루틴을 유지해 오고 있다. 여전히 '진정성'을 기반으로 고객의 자소서와 이력서를 분석 및 컨설팅하고 있으며, 매주 카드뉴스를 만들어 나의 전략과 꿀팁들을 무료로 업로드한다. 주기적으로 무료 라이브 강의도 진행하고 도움을 요청하는 취준생들이 있다면 개인적인 문의 하나 하나에도 언제나 진심으로 답한다. (사실 이건 당연한 것이다. 내 답변 하나에 고객의 인생이 바뀔 수 있기 때문이다.)

어떤 사람들은 성공에 반드시 '지름길'이 있다고 생각한다. 그리고 소위 말해 이 시장에 만연한 성공팔이이자 강의팔이들은 지름길이 있다고 광고한다. 아직 크게 성공한 것은 아니지만 개인적으로 꽤 선방해왔다고 생각하는 내가 5년이 지난 이 시점에 단언할 수 있는 것은 절대 '지름길' 따위는 없다는 것이다. J커브의 저점을 겪지 않으면 시장에서 걸러진다. 고객과의 단단한 신뢰를 쌓는 충분한 시간이 없으면 금방 무너진다.

공돌이현직자

브랜드의 가치를 높이지 않고 오로지 돈, 매출만을 좇으면 선순
환을 타기 어렵다. 그렇지만 그 인고의 시간을 충분히 겪고 나면 반
드시 J커브는 반등한다. 진심을 담으면 느릴 수는 있어도 절대 사
라지지는 않는다. 그게 컨설팅 사업, 더 나아가 모든 사업의 본질
이라고 생각한다.

음식점에 음식을 먹으러 가면 나는 꼭 사장님의 응대 방식을 살
핀다. 고객 하나하나에게 최선을 다하는 분이 있는가 하면 피로감
때문에 똥 씹은 얼굴로 장사하는 분도 많다. 어디까지나 내 예상일
뿐이지만 결국 몇 년이 지나면 한쪽은 시장에서 사라져 있을 확률
이 높다. 그래서 나는 이 글을 쓰고 있는 오늘도 내 브랜드 '공돌이
현직자'의 원칙이자 가장 단순한 문장을 붙잡고 나아간다.

이 철학 덕분에 2024년도에 나는 J커브의 반등에 성공했다. 이
철학만큼은 앞으로도 절대 흔들리지 않을 것이다.

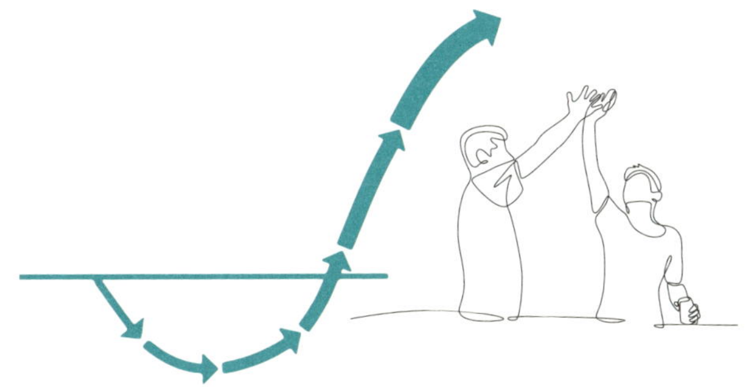

진심이 구조화될 때, 브랜드는 확장력을 얻는다

When truth is structured,
brands gain scalability.

- # 야근
- # 무례함
- # 불균형
- # 시작
- # 현직자

실전에서 탄생한 공돌이 현직자

첫 정규 강의를 론칭하고 시스템을 구축한 후, 드디어 개인에서 브랜드로 발돋움했다.

2023년 9월, 실전 경험을 바탕으로 탄생한 커리큘럼으로 첫 강의를 시작하며 일반적인 첨삭이 아닌 교육을 지향했다. 당시 상품에 대한 수요가 엄청났는데, 아내에게 농담처럼 "이제 다음 목표는 월 X,000만 원이네."라고 말했다.

사업에서 돈은 뗄 수 없는 관계이기에, 당시에는 무모해 보였지만 그 말을 목표로 삼았다. 단지 금전적인 목표가 아니라, 브랜드가 확장되는 과정에서 그 가치를 보증하는 상징과 같은 것이라고 생각했기 때문이다.

| 2023년 9월, 첫 강의 론칭_

실전에서 탄생한 커리큘럼, 첨삭이 아닌 교육으로 나아가다

내 상품에 대한 초과 수요를 처음으로 경험한 뒤 나는 아내에게 농담 삼아 밀했다. "그럼 이제 다음 목표는 월 X,000만 원이네." 사업과 돈은 뗄 수 없는 구조이다. 당시엔 무모해 보였지만, 나는 그 말을 목표로 삼았다. 단지 금전적인 숫자가 아니라, 브랜드가 확장되어 가는 과정에서'보증서'와도 같은 상징이었기 때문이다. (오해하지 말자. 나는 맹목적으로 돈을 좇지 말라고 했지, 사업을 하지 말라고한 적은 없다. 사업은 기본적으로 돈을 벌어야 한다.)

2023년 9월 그 무렵, 나는 J커브의 저점을 지나고 있었다. 눈에 띄는 큰 성과 없이 반복되는 작업 속에서 나는 나 자신에게 끊임없이 질문을 던졌다.

"이 수많은 고객의 자소서와 이력서를 읽고, 직접 컨설팅하는 과정 속에 분명한 '패턴'이 보인다. 단순히 한 명 한 명을 돕는 데 그칠 게 아니라, 이 흐름 자체를 구조화하면 더 많은 사람에게 닿을 수 있지 않을까?"

그리고 문득 떠올랐다. '이미 내가 집필한 전자책『대기업 취업의 바이블』시리즈를 기반으로 커리큘럼을 만들 수 있지 않을까?' 그래서 기획했다. 바로 '공돌이현직자 마스터 자소서반'이었다.

이 강의는 단순한 온라인 강의가 아니었다. 실제 내가 3년간 쌓아온 첨삭 경험과 수백 명의 고객이 남긴 피드백을 바탕으로 설계된 자기소개서 작성의 정석이었다.

단어 하나, 문장 하나가 허투루 들어간 것이 없었다. 그만큼 만들기도 힘들었고, 또 라이브 강의는 처음이었기 때문에 겁도 났다. 과연 누가 내 강의를 믿고 돈을 지불할까? 나도 강의팔이로 치부되지 않을까? 하지만 그동안 쌓아왔던 진정성의 힘과 그로부터 파생된 후기들의 힘은 강했다.

목표로 했던 20명의 정원을 단 3일 만에 달성했고 아래와 같은 후기들을 여러 개 받았다. 결국 또 진정성이 통했던 것이다(당시 받은 후기 일부. 내 스토어에서 지금도 확인할 수 있다).

이렇게 또 하나의 도전을 하며 알게 된 사실이 있다. 내가 Live 강의에 매우 강하다는 거였다. 아마도 회사에서 일찍부터 선배들 앞에서 기술 자료를 발표하고 많은 회의에 주도적으로 참석했던 것이 그 원천인 듯하다.

만약 내가 새로운 시도를 하지 않았더라면 이러한 내 강점을 영영 발견할 수 없었을 것이다. 아무튼 1주, 2주 차가 지나면서 강의를 하면 할수록 이 일이 나의 천직처럼 느껴졌다. 어느새 처음의 긴장했던 모습은 온 데 간 데 사라졌고 여유 있게 강의하는 수준으로 발전했다. 강의를 통해 내 진정성을 수강생들과 실시간 소통하며 전달할 수 있다는 점이 가장 만족스러웠다. 그리고 나는 확실히 깨달을 수 있었다.

1:N, 즉 다수에게 전달하는 강의 방식은 나의 첨삭 컨설팅과 비슷하다는 것을 말이다. 단지 한 사람을 위한 맞춤 설계가 아닌 다수의 공통 문제점을 해결할 수 있는 설계이며 진심이 그대로 담겨있었기 때문에 통했던 것이다. 이 과정은 나에게 있어 J커브 반등의 시작점이었다. 컨설턴트로서의 경험이 '커리큘럼'으로 정리되는 순간, 일반적인 첨삭 서비스 제공을 넘어 '교육 브랜드를 설립하는 초입에 들어설 수 있었다. 그리고 이건 시작에 불과했다.

| 정규 커리큘럼 구축을 통한 브랜드의 완성_
채용 흐름에 맞춘 전체 과정의 설계, 그리고 VOD 상품까지

2024년이 시작되자 나는 콘텐츠 확장을 본격화했다. '마스터 자소서반'을 기점으로, 1회성 강의가 아닌 정규 커리큘럼 체계를 갖춘 것이 그 시작이었다.

서류 시즌엔 '마스터 자소서반',

여름/겨울방학엔 '올인원 패키지'로 선제적 대비,

서류 이후엔 '스파르타 인적성 클럽',

마무리 단계엔 '면접 Secret 특강'까지.

그동안 수백 명의 고객과 함께하며 설계해나갔었던 전략, 실전에서 수많은 서류/최종 합격자들로 검증된 방법론을 기준으로 체계적인 취업 커리큘럼을 설계했다. 커리큘럼이 설계되자 매번의 일정마다 모집하고 Live 강의를 진행하는 루틴과 시스템이 자리 잡혔다. 더 나아가 Live 강의가 진행될수록 VOD 숫자가 많아졌고, 그 VOD들만을 묶어서 상품화하는 방안 또한 기획해 적용했다. 그 결과, 시간과 공간의 제약 없이 동일한 품질의 교육을 제공하는 전환점이 되었다.

그렇게 2024년 내내 정신없이 달렸던 것 같다. 인스타 팔로우 수는 1만 명을 달성하며 명실상부한 취업 인플루언서가 되었고, 나는 한해동안

  공돌이현직자

1. 전자책 대기업취업의 바이블 2.0(업그레이드)

2. 정규커리큘럼(마스터자소서반 등)

3. 초격차취준생 VOD 시리즈

4. 1:1 프리미엄 자소서 컨설팅

을 모두 체계적으로 확립했다.

1인 브랜드임에도 불구하고, 다채로운 상품 라인업을 갖춘 진짜 '교육 브랜드'로 성장해나갔다. 이 모든 흐름은 고객의 성장과도 연결됐다. 합격 후 전화를 걸어와 고맙다며 울먹이는 목소리, DM으로 전해오는 감사 메시지, 특정 대학에서 '이 사람 모르냐'는 이야기가 돌 정도로 퍼져간 입소문. 이 모든 것은 매출 이상으로 나를 다시 달리게 만드는 동력이었다.

2024년 12월 마침내 나는 J커브의 저점을 완벽하게 돌파함으로써 최고 매출을 기록했다. 하지만 이 숫자보다 더 중요했던 건 '방향에 대한 확신'이었다. 이제는 단지 운이 아니라, 내가 직접 만든 콘텐츠와 커리큘럼에 대한 시장에서의 평가가 그 가치를 증명해주는 구조 위에 선 것이었다. 나는 여기까지 오는 데 약 4년이 소요되었다. 길다면 길고, 짧다면 짧을 수 있는 시간이다.

이 내용을 여러분들에게 공개하는 이유는 첫째, 반복해서 말하지만, 단기간에 요행을 바라지 않았으면 하는 마음에서, 둘째, 1인 사업가, 브랜드로서의 확장의 과정을 참고하길 바라는 마음에서이다. 그 어떤 마케팅도, 그 어떤 전략도 4년이라는 밀도 높은 시간과

날짜 ▾	요일	시간대	결제			
			결제시수 ❓	결제금액 ❓	모바일비율 ❓ (결제금액)	결제당 ❓ 결제금액
전체	전체	전체	125	40,458,000	89%	321,095
2024-12-31	화	16시	1	440,000	100%	440,000
2024-12-30	월	14시	1	330,000	100%	330,000
2024 12 28	토	04시	1	74,800	0%	74,800
2024-12-24	화	20시	1	50,000	100%	50,000
2024-12-24	화	23시	1	74,800	100%	74,800
2024-12-23	월	19시	1	39,000	100%	39,000
2024-12-22	일	10시	1	220,000	100%	220,000
2024 12 22	일	13시	1	450,000	100%	450,000
2024-12-22	일	15시	1	110,000	100%	110,000

4년 동안의 노력의 결과, 24년 12월에 달성한 역대 최고 매출

그 시간 전체를 관통했던 '진정성'을 담은 컨설팅은 이길 수 없다는 점을 명심했으면 한다. 그리고 마지막으로 또 한가지 Tip이 있다, 결국 비즈니스가 일정 수준에 도달했다면 거기서 부터 수익을 높이는 방법은 나의 상품 가격을 올리거나, 온전히 내 시간을 쓰지 않아도 지속되는 구조를 만드는 것이다.

그 구조는 여러분이 선택한 Item에 따라 천차만별이겠지만 한가지 확실한 것은 어떤 사업이든 상품 가격을 올리는 것에는 한계가 분명하다는 것이다. 결국 여러분은 내가 없어도 돌아가는 구조를 반드시 만들어야하며 나는 그것을 나의 5년간의 혼을 담은 전자책과 VOD 강의로 구성에서 부터 시작했다. 이 또한 뭔가 처음부터 거창한것을 만들려고 하지 않았으면 좋겠다.

결국 하나의 목표 (나의 경우에는 책 집필)를 완료하고 나면 그 다음 Step이 자연스럽게 보인다. 그게 결국 1인사업이 브랜드가 되어가는 과정이자 성장의 Key라고 생각한다.

공돌이현직자

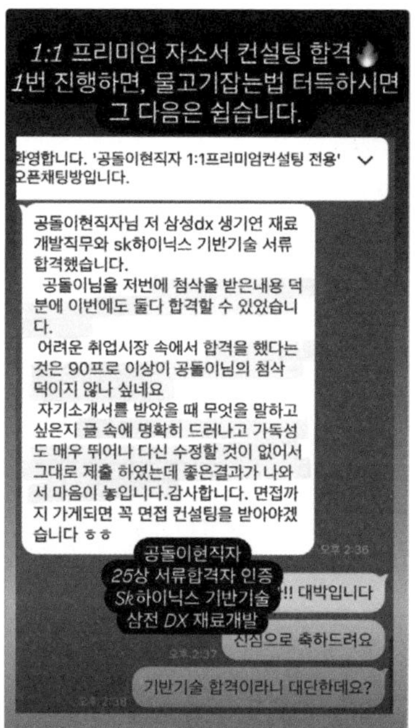

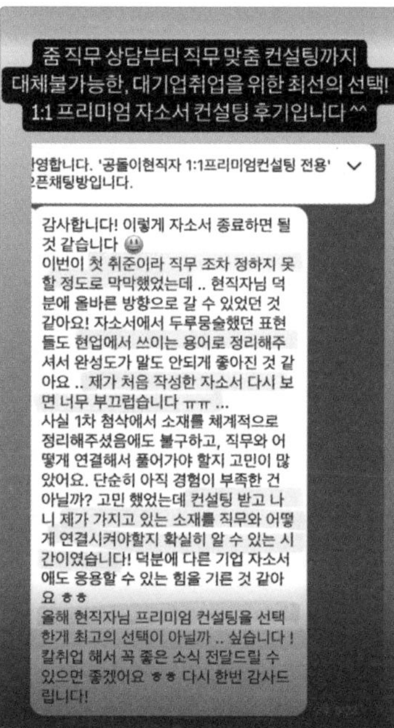

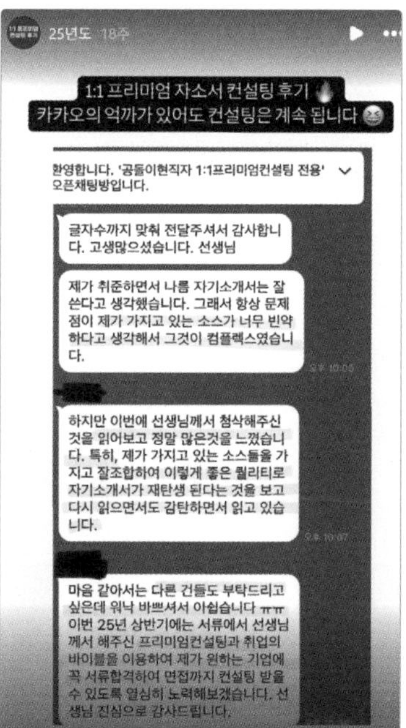

수많은 학생들의 서류 전형 합격 및 최종 합격 후기들

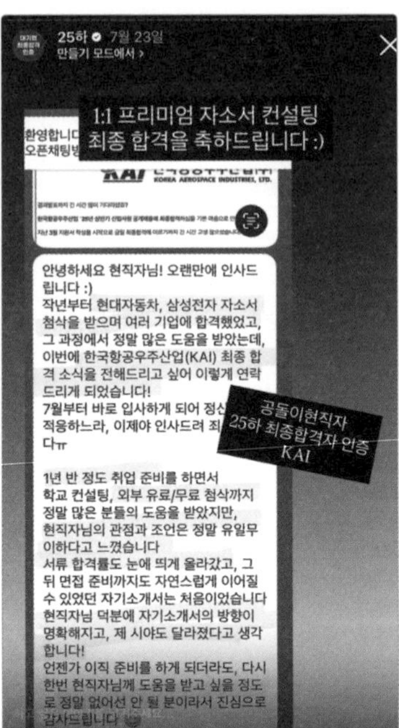

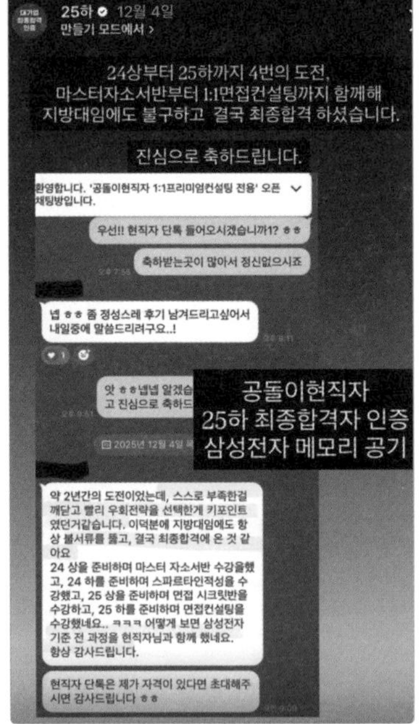

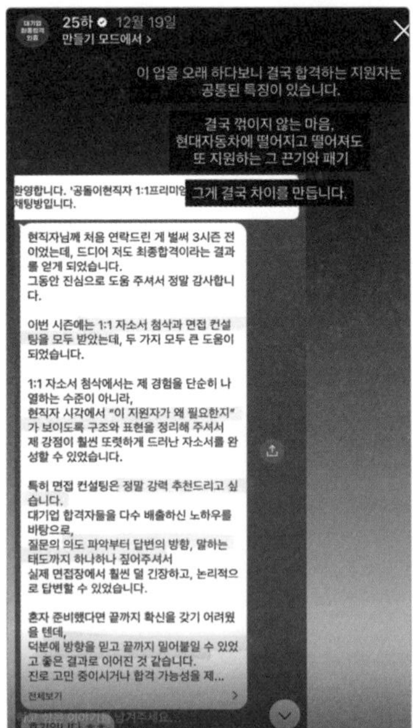

수많은 학생들의 서류 전형 합격 및 최종 합격 후기들

성장의 그림자, 그리고 함께였기에 가능했던 길_
역대 최고 매출 뒤에 숨겨진 이면

겉으로 보기엔 모든 것이 순조로웠다. 전자책, 강의, VOD, 1:1 프리미엄 컨설팅까지 1인 브랜드로 가능한 거의 모든 상품을 다 구축했고, 마침내 꿈에 그리던 상징적인 매출까지도 달성했다.

하지만, 진짜 이야기는 지금부터다. 이 시점에서 내가 강조하고 싶은 건 하나다. 성장의 이면에는 반드시 그림자가 따른다는 점이다. 가장 먼저 마주한 현실은 회사와의 충돌이었다. 나는 여전히 대기업에 재직 중이었고, 모든 사업은 철저히 퇴근 후의 시간에만 운영했다. 하지만 아무리 시간을 분리한다 한들, 현실적인 리스크는 사라지지 않았다. 언제, 어떤 루트로 소문이 퍼질지 알 수 없었고 실제로 몇 번은 아찔한 순간도 있었다. 그래서 나는 단 하나의 원칙을 정했다. 절대, 누구에게도 말하지 말 것.

이건 여러분들도 마찬가지다. 직장 생활과 병행한다면, 절대로 그 누구에게도 여러분이 무언가를 한다는 사실을 함부로 드러내지 마라. 회사는 절대로 개인의 성장을 격려하지 않는다. 그들은 언제나 '회사의 시간'을 지키는 사람만을 원한다. 그리고 동료나 친구는 더더욱 당신을 응원하지 않는다. 인간의 본성은, 특히 조직 내에서는 남이 자신보다 먼저 벗어나려는 움직임을 불편해한다. 겉으론 응원하는 척할 수 있어도, 속으론 '너만 잘되려 하네'라는 감정이 피어오르기 마련이다.

나는 그걸 알고 있었고, 그래서 더욱 조용히, 철저히 움직였다. 당신이 회사 생활을 병행하며 무언가를 시도하고 있다면, 그 시도는 반드시 비밀이어야 한다.

두 번째는 에너지의 문제였다. 사업을 키운다는 것은 단순히 콘텐츠를 만드는 것 이상의 일이었다. 수십 개의 문의에 답변하고, 강의를 준비하고, 라이브를 하고, VOD를 편집하고, 콘텐츠를 업로드하고, 마케팅을 설계하는 등 그야말로 끝이 없었다. 그때마다 아내는 내가 하지 못한 일들을 묵묵히 처리하며 그 자리를 메워주었다. 집안일, 대소사 결정, 새로운 집 인테리어 등 모든 것을 아내 혼자서 감당했다. 나는 지금도 그때의 아내를 생각하면 미안함과 고마움이 동시에 밀려온다.

사실상 우리는 아내와 남편이기 이전에 가정과 공돌이현직자라는 사업체를 함께 운영하는 팀이자 공동대표였다. 내가 앞에서 고객들의 대기업 취업을 돕고 콘텐츠를 만들며 활동할 수 있었던 건 4년이라는 긴 시간 동안 뒤에서 묵묵히 버텨준 아내 덕분이었다.

누구나 성장을 꿈꾼다. 하지만 성장은 고립의 다른 이름일 수 있다. 주변과 단절되고, 혼자가 되는 것. 그래서 이 챕터의 끝에서 꼭 말하고 싶다. 지금 누군가의 희생 위에서 당신의 성장이 가능했다면, 그것의 의미를 절대 잊어서는 안 된다. 사업은 혼자 하는 것이 아니다. 인생이라는 팀플레이 안에서 역할 분담이 이루어질 뿐이다. 그리고 그 사실을 자각했을 때, 나는 비로소 다음 단계를 준비할 수 있었다.

| 이제 선택의 시간이 왔다_

나는 '중대한 결심'을 앞두고 있었다

지금까지의 성공은 정말 값졌다. 나 역시 목표로 했던 것들을 모두 이뤄나갔을 때 잠시 성취감에 젖은 것도 사실이다. 하지만 그 성취감을 오래가지 않았다. 숫자와 현실의 괴리는 명확했고 그 차이는 점점 무게가 되어 다가왔다.

그렇다. 모든 직장인 N잡러가 꿈꾸는 '퇴사의 시간'이다. 회사와의 병행은 이제 명확하게 한계에 도달했다. 피로 누적을 넘어 하루하루가 전투였다. 낮에는 연구팀의 팀원으로, 밤에는 콘텐츠를 만드는 대표로서의 이중생활. 물론 불과 1년 전까지만 해도 이 두 세계를 병렬적으로 완벽하게 유지할 수 있다고 믿었다. 하지만 사업이 성장하는 것과는 별개로 인생은 내 맘대로 되지 않았다. 사건이 발생했고 그 사건은 큰 트리거가 되어 나의 선택을 앞당겼다. 여기에선 해당 사건을 언급하지 않겠다(작가와의 대화에서 공개할지도?).

하지만 꼭 말하고 싶은 것이 있다. 인생은 대부분 내 계획대로 되지 않는다. 그러니 반드시 플랜B/C를 준비해야 한다. 아무튼 그 사건 때문에 나는 2024년도 후반부에 접어들며 분명히 느꼈다. 이제는 선택해야 할 시점이라는 것을.

회사라는 울타리는 안정적이고 예측 가능했다. 월급이 보장됐고, 사회적 명함이 있었으며, 무언가를 '설명'하지 않아도 되는 안

락함이 있었다. 하지만 동시에, 그 울타리는 내가 만든 세상과의 연결을 차단하고 있었다. 어떤 콘텐츠를 더 기획할지, 어떤 고객에게 더 큰 가치를 줄 수 있을지 고민해야 할 시간에, 나는 회사에서 불필요한 보여주기식 보고서 작성에 시간을 쓰고 있었다.

무엇보다 나 자신이 알고 있었다. 지금 이 상태로는 두 세계 모두에 100%를 줄 수 없다는 걸. 어느 한쪽은 결국 소홀해질 수밖에 없고, 그 결과는 조직에도, 고객에게도, 나 자신에게도 해가 된다. 그리고 나는 고민 끝에 결심했다. 아직 퇴사는 하지 않았다. 하지만 분명한 건, 이제 더는 이 상태를 유지할 수 없다는 점이다. 2025년, 나는 점점 더 이 결정을 현실로 끌어오고자 차근차근 준비해나가고 있다.

그리고 이 과정 속에서 스스로에게 반복해서 묻고 있다.

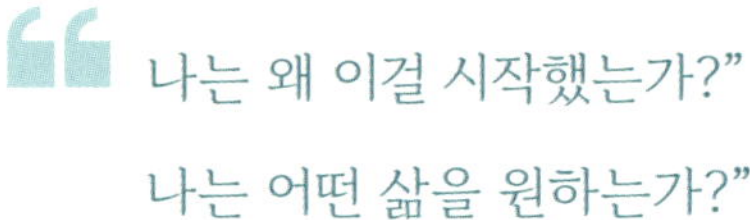

그리고 그 답은 늘 같았다.

아무도 책임지지 않는 삶이라면, 최소한 방향과 기준만큼은 내가 정하자. 이제는 선택의 시간이다. 당신이 이 책을 읽는 지금, 나와 비슷한 갈림길에 서 있다면 내 이야기가 하나의 참고가 되기를 바란다. 무엇보다 중요한 건 방향이다. 돈이나 명함이 아닌, 내 삶의 주도권 말이다.

공돌이현직자

가족 구성원이
두 배로 늘었습니다

Our family has doubled in size.

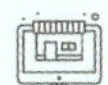

- \# 출산
- \# 퇴근
- \# 피드백
- \# 공동체

2024년 12월, 아내와 나는 두 아이의 부모가 되었다. '가족이 두 배가 되었다'는 표현보다 '삶의 무게가 두 배가 되었다'는 말이 더 와닿는 걸 보면, 그만큼 큰 변화였다.

이중의 책임을 완벽히 감당할 준비가 된 사람은 없을 것이다. 나 역시 사업가와 아빠라는 두 역할에 동시에 적응해야 했다. 출산 예정일을 받아두고도, 막달까지 12월 최대 매출을 이끈 올인원 패키지 홍보 자료를 만들었던 기억이 생생하다.

그때를 떠올리면, 정말 독하게 일했던 것 같다.

실전에서 탄생한 공돌이 현직자

| 2024년 12월, 우리 가족이 두 배가 되었습니다_

아이들의 울음소리가 울려 퍼질 때, 나는 강의 PPT를 만들고 있었다.

2024년 12월, 나와 아내는 두 아이의 부모가 되었다. 사실 '우리 가족이 두배가 되었다'라는 표현보다 '삶의 무게가 두 배가 되었다'라는 말이 더 정확할지도 모른다. 누구도 이중 임무를 완벽히 준비할 수는 없다. 하지만 그날 이후, 나는 사업가이자 동시에 아빠로서의 삶을 시작해야만 했다

아무튼 그렇게 출산 D-DAY가 다가왔고 아내가 수술실로 들어간 지 10분도 채 되지 않아 건강한 아이가 내 눈앞에 다가왔다. 그 순간의 감정은 천천히, 그리고 깊이 나를 감쌌다. 작고 여린 손, 울음소리. 그 순간 나는 직감했다. 오늘 이후의 삶은 이전과는 완전히 달라질 거라는 것을.

병원에 입원하는 5일, 조리원에서의 2주. 나는 그 상황에서조차 노트북을 켜 강의자료를 보강하고, 1:1 컨설팅을 진행했다. 고객과의 약속된 시간이 있었고 Live 강의가 예정되어 있었기 때문이다. 아이들의 미래를 위해서라도 나는 지금 내가 만들고 있는 이 브랜드와 우리 가족의 미래를 더 단단하게, 더 확실하게 키워나가야 했다.

사실, 그전까지만 해도 나에게 사업은 나 자신을 증명하는 도구였다. 직장에서의 억울했던 일들, 남으로부터 부여되는 평가와 기계처럼 반복되는 일상 속에서 '공돌이현직자'라는 브랜드는 내 자

존감을 회복시키는 탈출구이자 창조의 공간이었다. 하지만 이제는 달라졌다. 지켜야 할 가족이 있고, 보여주고 싶은 아빠의 모습이 있다. 아이들에게 부끄럽지 않은 사람으로 살기 위해 사업의 이유도, 일하는 방식도, 미래에 대한 상상도 달라지기 시작했다.

물론 나는 여전히 무료 Live를 위한 PPT를 만들고, 마스터 자소서반 강의안을 다듬고, 매일 고객의 자기소개서를 첨삭하고 있다. 하지만 그 모든 일을 하는 이유는 이제 조금 달라졌다. 이제 나의 일은, 나 혼자만의 성공을 위한 일이 아니라, 우리 가족이 함께 살아갈 미래를 위한 준비가 되었다. 그리고 이 모든 변화의 출발점에는, 2024년 12월, 우리 가족이 두 배가 된 그날이 있다.

육아라는 두 번째 전장, 진짜 하루는 퇴근 후에 시작된다_
아이들과의 밤샘과 피드백 마감이 동시에 오는 삶

예상은 했지만 이 모든 것과 육아를 병행하는 것은 생각보다 더 엄청난 일이었다!(그동안의 나에게 정말 수고했다고 말하고 싶고, 육아를 하고 있는 모든 분들에게 무한한 동지애를 느끼며 응원의 메시지를 보내고 싶다.)

아이가 태어나기 전에도 나는 하루를 '시간 단위'로 쪼개며 살아왔다. 오전에는 회사에서의 업무를, 퇴근 후 밤에는 콘텐츠 제작 및 컨설팅을 주로 진행했다. 하지만 육아가 시작되면서 모든 루틴이 바뀌었다. 이제는 '분 단위' 일정표가 필요할 지경이었다.

그도 그럴 것이 시도 때도 없이 우는 아이들을 케어하며 밥도 먹고 상담도 하고 고객의 자기소개서와 이력서 분석도 해야 했기 때문이다. 아내 조리원 퇴소 후에도 나는 거의 쉬지 못했고, 아내 또한 육아를 거의 전담하다시피 하며 동시에 나의 업무를 도왔다. (물론 이 모든 건 양가의 전폭적인 지원이 있어야 한다. 현재는 대략 밤 8~9시가 되면 아이들을 재우고 업무를 볼 수 있을 정도로 많이 발전된 상황이다.)

나는 새벽 4시, 대부분 사람들이 깊은 잠에 빠져 있는 시간 내 방 책상에서 졸린 눈을 비비며 고객의 자기소개서 첨삭을 하곤 한다. 아이들이 새근새근 자는 모습을 틈틈이 보며 집중할 수 있는 이 시간이 현재의 나에게는 골든타임이다. 하루의 마지막이 아니라 하루의 두 번째 시작인 셈. 이 책을 읽고 '아, 그런데 나는 ○○때문에 시간이 없어서…'라고 생각할 다수의 독자에게 꼭 말하고 싶다. 아이가 태어나도 마음만 먹으면 어떻게든 다 할 수 있다. 하지만 안락한 삶은 포기해야 한다. 낮에도 밤에도 전쟁이다. (잠을 잘 수 있다는 것에 감사할 정도랄까.)

요즘 나는 낮에는 회사에서의 문제 해결사, 밤에는 기저귀 갈기 전문가, 회의실에서는 대표, 거실에서는 아이 울음에 반사적으로 움직이는 팀원으로, 무척 다양한 역할을 수행하고 있다. 완벽하게 해내지는 못하지만 그 사이에서 내가 감당할 수 있는 책임의 크기를 조금씩 넓혀가고 있다.

 공돌이현직자

| 브랜드는 나였고, 이제는 '우리'다_
혼자가 아닌 팀, 가족, 동료들과 함께 걷는 다음 단계

처음 '공돌이현직자'라는 이름을 걸고 자소서 첨삭을 시작했을 때 브랜드는 곧 '나'였다. 내 시간, 내 손, 내 책임으로 운영되는 1인 사업이었고 고객과의 약속 하나하나를 내 이름 석 자로 감당해야 했다. 그 긴장과 책임감 그리고 진정성이야말로 지금까지 이 브랜드를 지탱해온 핵심이었고, 나를 성장시킨 가장 강력한 엔진이었다. 하지만 5년이 지난 지금 나는 분명히 말할 수 있다.

이 브랜드는 더 이상 '나만의 것'이 아니다. 수천 명의 고객이 남겨준 피드백과 조용히 힘이 되어준 아내와 가족, 밤낮없이 함께 고민하고 콘텐츠를 만들어가는 동료들(현재 새로운 사업을 준비 중에 있다), 이 모든 이들의 손과 발, 시간과 에너지가 모여 지금의 '공돌이현직자'를 만들었다.

나는 더 이상 혼자 일하지 않는다. 혼자 잘하려 애쓰지도 않는다. 오히려 '어떻게 함께 잘할 수 있을까'를 고민하는 시간이 늘어났고, 이제는 팀으로서 더 단단해지고 있다. 처음의 브랜드는 '나'였지만, 이제는 우리가 함께 만들어가는 유기체가 되었다.

'진정성'이라는 단어 하나로 시작한 이 여정은, 이제 '함께 걷는 지속가능한 길'로 변모하고 있다. 콘텐츠도, 교육도, 서비스도 이제는 나 혼자의 목소리가 아닌 수많은 사람의 이야기를 담는 공간이 되고 있다. 나는 이 여정의 선두에 서 있지만, 결코 혼자가 아니며 변함없이 함께일 것이다. 브랜드의 미래는 공동의 힘에서 나온다고 믿는다. 더 나은 교육, 따뜻한 공동체, 깊이 있는 콘텐츠를 만들기 위해 끊임없이 실험하고 실패를 통해 배우며 개선해 나갈 것이다. 혼자였다면 두려워 포기했을 일도 함께이기에 계속 나아갈 수 있다.

이제 나는 안다. 진짜 브랜드는 '내가 잘나서'가 아니라 '우리가 함께해서' 가능한 것이란 걸. 그렇게 우리는 오늘도, 내일도, 함께 걷는다. 그리고 동시에, 단 한순간도 현재에 안주하지 않는다. (참고로 내 MBTI는 ENTJ다. 일명, 일을 쉬면 불안해지는 일중독자 유형이다.)

지금 나는 탄탄해진 '공돌이현직자' 브랜드를 토대로 AI 기반 Agent 사업으로 확장을 진행하고 있다. 이 플랫폼은 런칭 3개월 만에 활성 사용자 1만 명을 기록했고, 01년생 대표와 함께 앞으로를 전력 질주하는 중이다. 우리의 목표는 분명하다. 2027년 안에 100억 가치의 회사를 만드는 것. 그와 동시에 '월사남' 동료들과 이 책을 함께 쓰고 있다. 삶과 진정성, 그리고 사업가 정신에 대해 나누는 이 프로젝트는, 더 이상 내가 혼자 싸우는 게임이 아님을 보여준다.

이제는 각자의 무기와 스토리를 가진 사업가들이 '우리'라는 이름으로 함께 나아가는 여정이다. 가끔은 나도 내가 놀랍다. 대기업 직장인으로 시작해, 개인 브랜드를 만들고, 강의를 하고, 책을 쓰고, 스타트업을 만들고, 아이 아빠로까지 살고 있으니 말이다. 솔직히 말하면, 이 모든 것은 "특별한 누군가"라서가 아니라, 내가 했기 때문에 가능했다. 그 말은 곧, 여러분도 할 수 있다는 뜻이기도 하다.

 공돌이현직자

이 책을 덮는 지금, 당신의 안에서도 분명 작은 불씨 하나가 피어올랐을 거라 믿는다. 회사의 이름이 아니라, 당신의 이름으로 살아가고 싶은 마음. 누군가의 성과를 위해서가 아니라, 당신이 믿는 가치를 위해 시간과 에너지를 쓰고 싶은 마음. 그 마음이 사라지지 않길 바란다.

언젠가 오늘을 돌아봤을 때, "그때의 고민과 흔들림 덕분에 여기까지 올 수 있었다"고 말할 수 있기를 바란다.

세상의 모든 직장인들을 진심으로 응원하며, 공돌이현직자의 첫 종이책 집필을 여기서 마무리한다. 이제는 내 이야기가 아니라, 당신의 이야기가 시작될 차례다.

무엇을 하든 우리는 반드시 J커브를 견뎌야 한다

공돌이현직자 님의 강의를 처음 들었을 때 가장 깊이 남았던 말은 "무엇을 하든 우리는 반드시 J커브를 견뎌야 한다"는 것이었습니다. 새로운 도전은 늘 시간이 걸리고, 초반에는 힘들고 지지부진해 보이지만 결국 그 과정을 통과해야만 성장이 온다는 설명은 제게 큰 울림을 주었습니다.

사실 저 역시 늘 쉽고 편한 길만 찾으려 했고, 작은 어려움 앞에서도 돌아서곤 했습니다. 하지만 강의에서 그 이야기를 듣고 나니, 진짜 가치 있는 길은 어렵더라도 반드시 넘어야 할 벽이 있다는 것을 깨달았습니다. 그래서 지금은 당장의 성과가 보이지 않아도 꿋꿋하게 버티며 제 길을 가고 있습니다.

이 책은 강의에서 들었던 메시지가 공돌이현직자님의 실제 인생 가운데 어떻게 구현되어 왔는지를 고스란히 담고 있습니다. 컨설턴트로, 사업가로, 또 한 명의 직장인으로 치열하게 견뎌온 J커브의 흔적들이 그대로 녹아 있기에, 저는 책을 읽으며 더욱 공돌이현직자 님을 본받고 싶다는 마음을 갖게 되었습니다.

　이 책은 취업이나 부업을 준비하는 사람들뿐만 아니라, 지금 당장은 힘들지만 장기적으로 가치 있는 길을 가고자 하는 모든 직장인에게 강력히 추천하고 싶습니다. 결국 중요한 건 '견디는 힘'입니다.

　내재된 힘을 일깨워줄 책이 바로 당신 곁에 있습니다.

25년도 상반기 SK하이닉스 합격자　이○○

Real Deal Eric

런던 대학교(City, University of London)의 연구 참여정보 중 일부

연구 제목

유명세에서 기업으로: 소셜 미디어 인플루언서의 창업적 진화 (FROM FAME TO EN-
TERPRISE: THE ENTREPRENEURIAL EVOLUTION OF SOCIAL MEDIA IN-
FLUENCERS)

연구책임자/연구자 한지선

What is the purpose of the study?

In the digital age, social media influencers have evolved into entrepreneurs,
reshaping the advertising landscape and offering authentic perspectives for
consumers. This study delves into the entrepreneurial dynamics of these in-
fluencers, seeking to answer two key questions: how do average individuals
transform into influential entrepreneur figures in the social media realm, and
what sets their startup journeys, timelines, and strategies apart from

Why have I been invited to take part?

Influencers who can be regarded as entrepreneurs will be only invited as this
research elucidates the entrepreneurial trajectory. 15 to 30 interviewees will
be involved in the study according to Creswell (1998) and Bertaux (1981).

What will happen if I take part?

This study involves one interview lasting 20~30 minutes

What will happen to the results?

This project will be included in the PhD thesis as well as aimed to be published
in a 3, 4, or 4* journal. If the participants want to receive a copy of the publica-
tion/summary of the results, participants are required to explicitly consent to
their data being kept for this purpose

Who has reviewed the study?

This study has been approved by City, University of London, Research Ethics
Committee.

연구 참여정보 전문

논문은 entrepreneurship 저널 중에 한 곳에서 Review & Revision (R&R)단계에 있습니다.
google scholar를 포함한 논문 검색 사이트에서 모두 확인해보실수 있습니다.

뜻을 펼쳐보고 싶은 리얼딜 에릭

0점짜리 인생이 맨몸으로 쟁취한 '삶의 기록'

수학 0점, 영어 9등급, 월급 30만 원
철저한 밑바닥에서 도망치듯 들어간 산골 절, 그 고요 속에서 나는
깨달았다. 세상 그 무엇도 아닌 오직 '나의 실력'만이 나를 구원할
유일한 동아줄임을. 요행을 바라지 않고 온몸으로 부딪쳐 쟁취해 낸
온전한 자유의 기록. 이 치열한 고백이 막막한 현실 앞의 당신에게
'진짜 내 삶'을 살게 할 용기가 되길 바란다.

나의 영어 종착지. 리얼딜
https://www.youtube.com/@realdealclass

"Earn Your Freedom"

나의 영어 종착지. 리얼딜 클라쓰
Make It Real
https://realdealclass.com

창업을 오랫동안 고민해온 사람 모두가 꼭 읽어야 할 책

핵심의 핵심을 다룬 내용. 책의 내용들이 비로소 내 것이 되었다는 생각이 들 때 즈음, 당신은 이미 시작하고 있을 것이다. 우리는 왜 1인 창업에 관심을 가지게 되었을까? 조직에 속해서 팀원 혹은 리더로 일하거나, 재능 있는 동료들과 공동 창업을 하거나 그 외에도 여러 형태의 일하는 방법이 있는데 말이다.

지금 당신이 1인 창업을 꿈꾸고 있다면 그것은 단순히 이게 유행이라서, 또는 이 일이 쉬워 보여서는 아닐 것이다. 당신도 자각하지 못한 내면의 동기가 있을 것이고, 분명히 자기만의 이유가 있을 것이다.

이 책에서 저자는 1인 창업을 꿈꾸는 당신의 열망을 구체적으로 어떻게 다루어야 스스로와 세상에 보다 큰 가치를 선보이고, 이를 지속할 수 있을지 안내한다. 저자는 자신이 먼저 치열하게 선행한 경험과 그것을 날카롭게 꿰뚫는 철학적 이야기를 '현재'라는 시대적 관점에 걸맞게 누구보다 쉽고 실용적으로 전달한다.

책을 읽고 난 후에는 이미 스스로 충분히 고민해 왔고, 구체적인 그림을 그려왔다고 자부하는 사람조차도 더 날카롭게 다듬을 부분이 있다는 것을 깨닫게 될 것이다.

저자가 말하고자 하는 바와 저자가 이룬 업적이 일맥상통함을 알기에 나는 이 내용을 100% 신뢰한다. 화려한 기술주의 사회에서 저자가 말하는 진정성과 솔직함이 어떻게 빛나고, 많은 사람들에게 실제적인 도움과 영감을 주었는지 지난 3년간 꾸준히 지켜봐왔다.

나 또한 나의 일을 하기로 마음먹고 오랫동안 그림을 그려왔다. 실행력이 부족했지만 나름대로 계획과 철학만큼은 뒤처지지 않는다고 생각했다. 하지만 이 책을 읽고 그토록 오랫동안 다듬고 점검했던 내 생각의 빈틈을 또 다시 발견했다. 이는 역시 실제로 경험한 사람과 아직 경험하지 않은 사람에 존재하는 좁힐 수 없는 간극이다.

책을 읽고 나니 어서 빨리 현장으로 뛰어들고 싶다는 용기와 활기가 치솟는다.

나에게도 그랬듯, 저자의 진심 어린 응원이 이 책을 읽는 사람들의 마음에 작은 씨앗으로 심기길 진심으로 바란다.

수강생 박은혜

여러 경로를 통해 그와 교류하며 느낀 건 '신뢰'였다

그의 새로운 저서에 들어갈 추천서 이야기를 알게 됐을 때, 문득 내가 추천서 한 자락을 위한 펜을 들어야겠다는 생각을 했다. 비단 그의 기가 막힌 영어 강의 때문만은 아니었다. 평소 그의 진정성과 더불어 사업이 확장되고 커갈 수밖에 없게 만드는 지혜로운 마케팅 전략들을 지켜봐 온 사람으로서, 그를 떠올릴 때면 내심 놀라웠고 자못 감탄스러웠다. 더 나아가 은근한 동경심이 생기기까지 했다.

사실, 나 또한 벌써부터 온라인 1인 기업을 꿈꾸고 필요성을 크게 느끼고 있으나 감히 어떤 시도를 할 엄두조차 내지 못하고 있는 터였다. 그저 머릿속의 막연한 미래 계획 정도로 머물고 있었다. 그래서 궁금했다. 이 책의 내용이 궁금했고, 그의 노하우가 궁금했고, 더불어 그의 사업적인 지혜가 자못 궁금했다.

그러나 한편으론 "내가 왜 바쁘고 숱한 나의 업무와 일상을 뒤로하면서까지 '굳이' 추천서를 쓰려 하는 걸까?" 하는 자문이 들었다. 하지만, 그의 원고를 마지막까지 읽고 나니 기꺼이 내 시간을 쪼개기에 충분한 가치가 있었다는 생각이 든다.

　이 책은 화려하거나 포장된 미사여구 없이 담백하지만, 나만의 비즈니스를 꿈꾸고 있는 이들에게는 그야말로 알짜배기 선물을 건네고 있다. 어쩌면 그리도 필요한 핵심만 콕콕 짚어 가려운 곳을 시원하게 긁어주는지...

　자신만의 비즈니스를 시작하려는 보통 사람들이 느끼는 두려움, 핑계, 장애물, 실수와 잘못, 그리고 문제를 해결하는 합리적이고 지혜로운 방법들, 자세, 철학까지. 철저히 그가 겪고, 느끼고, 체득한 경험을 바탕으로 진주 알들을 깨알같이 꿰어 놓은 책이다.

　그는 이 책을 통해 그가 도전하고 개척하고 있는 '나다운 삶, 그로 인해 나다운 자유로운 삶을 위한 개척'을 얘기하고 있다. 무엇보다 '진정성'의 본질을 가장 강조한다. 어쩌면 이 책은 비단 비즈니스만이 아니라 우리네 인생에 필요한 본질과 일맥상통할 수도 있지 않을까?

　분명 이 책은 나와 같이 꿈은 꾸고 계획은 갖고 있지만, 그저 막연히, 머리 속에서만 맴돌 뿐 성큼 도전의 발을 딛지 못하는 이들에게 희망적이면서도 실질적인 오아시스 같은 지침서가 될 것이라 해도 과언이 아니다.

수강생　이애진

나는 '프리랜서'라는 말을 좋아한다. 프리랜서로 일하며 늘 즐겁고 자유롭게, 행복하게 살았기 때문이다. 하지만 모든 사람이 일을 즐기며 행복을 느끼는 것은 아니다. 이 책은 독자 중 정말 하고 싶은 일이 있거나 뜻을 펼치고 싶은 사람들에게, 프리랜서이자 창업가로서의 내 작은 경험이 도움이 되기를 바라는 마음으로 쓰였다.

나는 늘 출발이 늦었다. 학창 시절 나는 공부와 담을 쌓고 지냈다. 흔한 학원조차 다녀본 적이 없었고, 고3 때 수학 시험에서 0점을 받기도 했다. 초등 수학도 제대로 하지 못했고, 영어 역시 마찬가지였다. 고등학교를 졸업할 때까지 대학교에 갈 엄두조차 내지 못했다. 부모님 모두 중졸이셔서 입시에 대해 전혀 알지 못하셨다. 그렇게 대학 입학 원서 한 장 써보지 못한 채 고등학교를 졸업했고, 스무 살이 되자마자 혼자 짐을 싸 경상북도 경주 산골에 있는 절로 들어갔다.

세상과 단절된 외딴 곳에서 난생 처음 홀로 지내면서, 세상에서 의지할 사람은 오직 나 자신뿐이라는 강렬한 믿음을 갖게 되었다. 가족, 친구, 학교, 회사, 돈, 그 무엇도 결국 진정한 '나'는 아니었다. 나의 능력만이 가장 확실한 자산이자 자유를 가져다주는 도구라고 확신하며, 실력을 키우면 내가 원하는 삶을 살 수 있다고 굳게 믿었다.

그렇게 나는 밑바닥부터 실력을 쌓기로 마음먹었다. 9등급으로 재수를 시작했고, 꼴등으로 대학에 들어갔으며, 월급 30만 원을 받으며 영어 강사 생활을 시작했다. 언제나 나의 시작점은 완전한 밑바닥이었다. 그 시절 나는 오직 하나의 생각만으로 움직였다.

"누구보다 늦게 시작했으니, 누구보다 진실되게 실력을 쌓아야 한다." 그리고 그 진정성이 항상 내 삶을 내가 원하는 길로 이끌었다. 요행은 절대 없다. 이것이 Real Deal의 의미이다.

자유로운 삶, 원하는 삶은 그냥 주어지지 않는다.

이 책을 읽는 모두가 want하는 삶을 earn하길 바란다.

Earn Your Freedom

내 삶의 모토이자
우리 회사의 슬로건

The Trigger

I feel like a waste of space

- # 건강
- # 자유
- # 9등급
- # 영어
- # 꼴찌

뜻을 펼쳐보고 싶은 리얼딜 에릭

잉여 인간

부모님은 늘 입버릇처럼 "건강하게만 커라"라고 말씀하셨다. 그 덕분에 나는 정말 건강하게만 컸다. 대한민국 학생이라면 누구나 다니는 학원 문턱도 밟아보지 않았을 정도로 놀기만 했다. 초등학교 6학년 때까지 시험에서 전 과목 0점을 받는 게 당연했을 정도로, 공부와는 인연이 없는 삶을 살았다.

나는 철저하게 '내가 하고 싶은 것'만을 추구하며 살았다. 운동을 하고 싶을 때는 운동장을 질주했고, 게임에 빠졌을 때는 밤새 키보드를 두드렸으며, 음악에 심취했을 때는 하루 종일 이어폰을 꽂고 지냈다.

고등학교에 진학해서도 제멋대로인 삶은 바뀌지 않았다. 고3 때도 성적은 최하위 등급인 9등급이었지만, 나는 나만의 세계에 빠져 있었다. 음악을 하겠다며 가사를 쓰고 녹음했고, 남들이 영어 단어를 외울 때 나는 문학에 빠져 시집을 읽었다. 남들이 수학 문제를 풀 때, 나는 철학에 심취해 윤리책만 파고들었다.

나는 결코 나쁜 학생이나 반항아는 아니었다. 그저 자유로운 영혼이었을 뿐이다. 교복은 불편해서 잘 입지 않았고, 친구들과 놀다 지치면 학교에서 다음 날까지 잠을 자기도 했다. 그때는 그것이 낭만이고 자유라고 생각했다. 하지만 졸업식 날 교문을 나서는 순간, 차가운 현실이 나를 기다리고 있었다. 책임감 없는 자유의 대가는 혹독했다. 내세울 만한 성적도, 흔한 대학교 입학 증명서도, 남들보다 뛰어난 특기도 없이 고등학교 졸업장만이 덩그러니 남아있었다. 부모님 바람대로 그저 '건강'하기만 했다. 그 외에는 아무것도 갖추지 못한 채 사회에 던져진 것이다. 자유분방했던 나는 사회의 기준으로 볼 때 그저 아무짝에도 쓸모없는 '잉여 인간'일 뿐이었다.

| 스무 살, 산속에서 나의 무능력을 절감하다.

대학 진학도, 취업도 하지 않은 채 스무 살이 되자 깊은 고민에 빠졌다. 남들이 정해놓은 길을 맹목적으로 따르지는 않았지만, 그렇다고 나만의 길이 뚜렷하게 보이는 것도 아니었기 때문이다.

나는 온전히 혼자가 되기로 했다. 내 인생은 이제부터 내가 개

척해야 한다고 다짐하며, 성인이 된 첫날
인 1월 1일, 나는 망설임 없이 짐을 쌌다.
목적지는 경주의 깊은 산골에 있는 절이었
다. 부모님께 마지막 전화를 드린 후, 휴대
폰까지 해지시키고 세상과의 연결을 끊은
것은 오로지 나 자신과 마주하기 위해서였
다. 난생 처음 겪는 외딴 곳에서의 고립된
생활, 그 적막 속에서 역설적이게도 부모

절에서 공부하던 스무살 시절

님에 대한 깊은 감사를 느꼈다. 넉넉하지 않은 형편에도 부모님은
언제나 내게 '사고의 자유'와 '선택의 자유'를 주셨다.

"공부해라", "대학 가라" 닦달하는 대신 나를 믿고 지켜봐 주셨
던 시간들. 그것은 강남 8학군의 고액 과외보다 훨씬 값진, 내 인생
최고의 교육이었다. 하지만 감사는 곧 서늘한 공포로 바뀌었다. 몸
은 산속에 홀로 떨어져 있었지만, 심적으로나 경제적으로 나는 여
전히 부모라는 거대한 숙주에 기생하는 나약한 존재일 뿐이었다.

어느 날 밤, 칠흑 같은 어둠 속에서 문득 자문했다. "만약 내일
아침 부모님이 갑작스러운 교통사고로 돌아가신다면, 나는 무엇을
할 수 있을까?" 상상만으로도 숨이 막혔다. 당장의 생계는 둘째치
고, 장례 절차부터 보험 및 재산 처리, 각종 법적 문제까지, 내가 아
는 것이 하나도 없다는 사실에 절망했다.

나는 그런 현실을 감당할 마음의 그릇조차 없었다. 스무 살 성
인이었지만, 부모라는 울타리가 사라진 나는 거친 세상에서 아무

리얼딜 에릭

것도 할 줄 모르는 무능력하고 나약한 어린아이에 불과했다. 그때 뼈저리게 깨달았다. "이대로는 안 된다. 나는 홀로 설 수 있어야 한다." 진정한 힘은 성적표의 숫자나 대학 간판에서 나오는 것이 아니었다. 내 힘으로 내 삶을 지탱할 수 있는 힘, 바로 독립심이었다. 나는 산속에서 그날 밤, 내 인생을 남에게 의탁하지 않겠다고 결심했다. 철저하게 실력을 키워 완전한 독립을 이루겠다고. 그것이 내가 세상에 맞서기 위해 갖춰야 할 첫 번째 무기라는 것을 알았다.

| 바닥에서 다시 맨 밑바닥으로

그렇게 나는 절에 눌러앉아 생애 처음으로 '공부'라는 것을 시작했다. 재수생이었지만, 내게는 이끌어줄 선생님도, 친구들의 조언도, 흔한 경험조차 없었다. 가진 것이라고는 '이대로는 안 된다'는 간절함 하나뿐이었다. 책상에 앉아 가장 먼저 집어 든 것은 고등학교 수험서가 아닌 초등학교 수학 문제집이었다. 덧셈 뺄셈만 겨우 할 수 있는 수준이었기에 기초부터 다시 쌓아야 했다. 국어는 손에 잡히는 대로 참고서를 닥치는 대로 읽고 또 읽었다. 무식하고 미련한 방법이었지만, 나에겐 그것이 최선이었다.

하지만 영어는 도무지 답이 나오지 않았다. 기초가 전혀 없는 탓에 까만 것은 글씨요, 하얀 것은 종이일 뿐이었다. 알파벳을 겨우 아는 수준으로 수능 영어를 독해하는 것은 불가능했다. 국어와 수학 기초를 다지는 것만으로도 하루 24시간이 부족했다. 결국 나는 영어를 포기했다. 아니, 놔버렸다는 표현이 더 적절할 것이다.

그렇게 치른 수능, 결과는 예상한 대로였다. 수학과 국어는 그 럭저럭 괜찮았지만, 다른 과목은 처참했다. 드라마틱한 반전은 없었다. 나는 그저 내 성적에 맞는 적당한 대학교에 원서를 넣어야 했다. 문과였던 내게 선택지는 많지 않았다. 경영이나 경제는 관심이 없던 터라 학과 목록을 훑어보던 중 아이러니하게도 '영어영문학과'에 시선이 멈췄다. 이유는 단순했다.

재수할 때 영어 공부를 제대로 못했으니, 대학에 가서 한번 배워보자는 생각이었다. 못하니까 피하는 것이 아니라, 못하니까 배워야 한다는 단순하면서도 무모한 선택이었다. 그렇게 나는 알파벳만 겨우 아는 채로 덜컥 영문과 대학생이 되었다. 그것도 추가 합격으로 막판에 겨우 붙었다. 역시 현실은 냉혹했다. 강의실에 앉아 보니 동기들은 대부분 영어를 좋아하거나, 이미 잘하는 친구들이었다. 원서를 읽고 회화를 하는 그들 사이에서 나는 철저한 이방인과 같았다.

다행히 1학년 때는 전공 필수 수업이 없어 영어를 피할 수 있었지만, 압도적인 기본 실력 차이로 인해 내 처지는 정말 비참했다. 당시 토익 시험을 봤을 때 내 점수는 200~300점대로, 신발 사이즈보다 조금 나은 수준이었다. 사실상 문제를 모두 찍었다. 고등학교 9등급을 벗어나 대학생이 되었지만, 달라진 건 없었다. 나는 여전히, 그리고 완벽하게 '꼴찌'였다. 화려한 캠퍼스 라이프는 고사하고, 나는 대학교에 와서도 다시 맨 밑바닥에서 시작해야 했다.

    리얼딜 에릭

Small Steps

Grinding

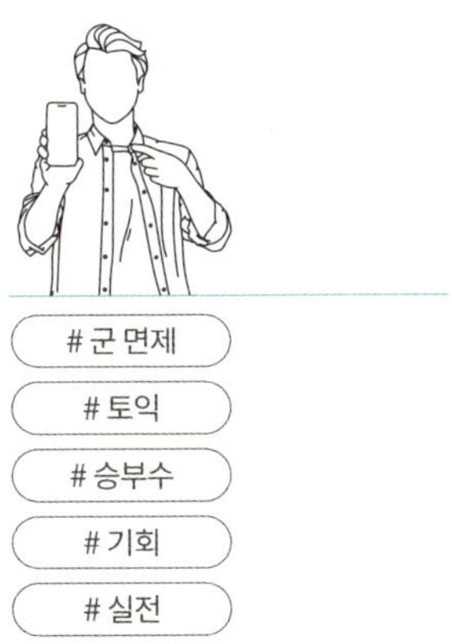

군 면제
토익
승부수
기회
실전

뜻을 펼쳐보고 싶은 리얼딜 에릭

군 면제, 사라진 2년의 유예 기간

영어를 배우겠다는 패기 하나로 영문과에 입학했지만, 1학년 동안 나는 영어를 외면하며 도망치기에 바빴다. 영어 수업은 거들떠보지도 않은 채, 쉬운 교양 수업만 찾아 들었다. 속으로는 '군대에 가면 어떻게든 되겠지' 하는 안일한 믿음이 있었기 때문이다.

2년 동안 군대에서 마음을 다잡고, 영어 단어장을 통째로 외워서 나오면 뭐라도 할 수 있을 거라 생각했다. 당시 군대는 내게 국방의 의무라기보다, 준비되지 않은 사회 진출을 늦출 수 있는 합법적인 도피처이자 2년이라는 유예 기간과 같았다. 그렇게 나는 1학년을 마치고 미련 없이 휴학계를 냈다.

입대를 한 달 앞두고 내 인생의 타임라인을 송두리째 뒤흔드는 사건이 발생했다. 건강상의 이유로 '군 면제' 판정을 받게 된 것이다. 남들은 신의 아들이라며 부

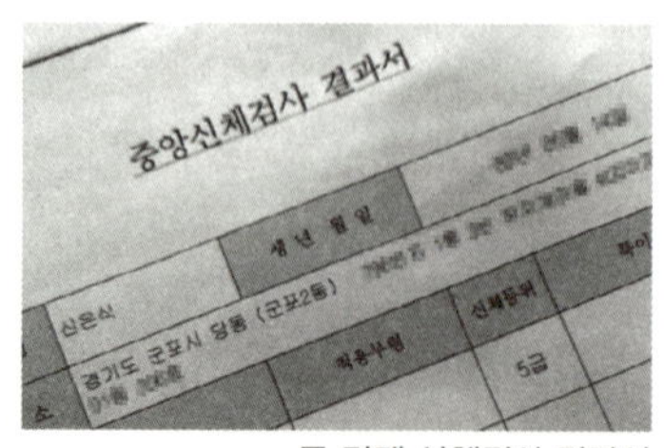

군 면제 신체검사 결과서

러워했을지 모르지만, 아무런 준비 없이 다시 세상에 던져진 내게 그것은 축복이 아닌 공포였다. 2년이라는 도피처가 사라진 셈이었기 때문이다. 더 이상 여유를 부릴 수도, 핑계를 댈 수도 없었다.

건강을 회복하고 복학을 했지만 동기들은 군대에 가거나 어학연수를 떠나 있었고 나이 어린 후배들로 강의실이 가득차 있었다. 나이는 찼지만, 머릿속은 텅 빈 고학번. 결국, 나는 펜을 잡을 수밖에 없었다.

| 토익으로 시작한 어설픈 첫걸음, 그리고 도망.

시작은 '토익'이었다. 토익 점수가 없으면 장학금 도전도, 졸업도, 취업도 그 어떤 것도 할 수가 없었다. 선택의 여지가 없었다. 기초가 워낙 부족했던 나는 무작정 읽고 듣고 외우며 영어에 부딪쳤다. 그렇게 영어 읽기와 듣기의 어설픈 기본기를 쌓아갔다.

주변을 둘러보니 어릴 때부터 영어 유치원을 다니거나 조기 유학을 다녀오고, 미드를 자막 없이 보는 친구들이 많았다. 밑바닥부터 시작하는 내가 아무리 발버둥 쳐도, 저들을 따라잡아 '영어'로

리얼딜 에릭

경쟁력을 갖추는 것은 불가능해 보였다.

결국 3학년 때 나는 전공을 '문화 콘텐츠 비즈니스'로 변경했다.

> **"** 아무리 봐도 영어는 내 길이 아니다"라고
> 스스로를 합리화하며,

그렇게 나는 영어를 포기했다. 그것은 나의 첫 번째 시도이자, 첫 번째 도망이었다.

그냥 하고 싶은 걸 하자

나는 영어에 가능성이 없다고 생각해 '문화 콘텐츠 비즈니스' 학과를 선택했지만, 그곳에도 낙원은 없었다. 새로운 전공은 마치 내게 맞지 않는 옷처럼 불편했고, 좋아하지도, 그렇다고 잘하지도 못하는 과제들을 억지로 해치우며 시간을 보냈다.

졸업이 다가올수록 막막함이 나를 덮쳐왔다. 냉정하게 나 자신을 돌아보며 자문했다. '이대로 졸업하면 나는 대체 무엇을 할 수 있을까?'

내세울 스펙도 없고, 문과생인 데다 남들보다 뛰어난 특기도 없는, 그야말로 이력서에 이름과 나이밖에 적을 것이 없는 무능력한 인간. 그것이 나의 현주소였다. 취업 시장에서 요구하는 기준에 맞추려니 도저히 답이 나오지 않았다. 게다가 돈을 좇거나 안정적인 직장을

얻는 선택지 중 그 무엇도 내 가슴을 뛰게 하지 못했다. 남들이 다 가는 길에는 의욕이 생기지 않았던 건, 그렇게 살아본 적이 없어서였을까. 고민 끝에 나는 또다시, 아니 결국은 '내가 원하는 것'을 선택하기로 했다. 내 인생을 관통하는 단 하나의 키워드, 바로 '자유'였다.

스무 살, 깊은 산속 절에서 다짐했던 독립심. 그것은 단순히 혼자 밥벌이하는 것을 넘어, '세상 어디에 떨어져도 살아남을 수 있는 능력'을 의미했다.

아무리 생각해 봐도 그 능력을 갖추기 위한 첫 번째 단계는 '영어'였다. 영어는 전 세계 어디서든 자유롭게 소통하고, 정보를 얻으며, 내 뜻을 펼칠 수 있게 해주는 도구이기 때문이다. 영어를 갖게 된다면 좁은 한국 땅을 넘어 더 넓은 세상에서 자유로워질 수 있을 것 같았다. 그래서 나는 다시 영어를 선택했다. 하지만 이번에는 2학년 때처럼 점수를 따기 위한 영어가 아니었다. 내 인생의 '경쟁력'을 만들고 생존하기 위한 영어를 선택한 것이다.

> 단순히 잘하면 좋겠다는 바람 정도로는 안 된다.
> 이건 내 인생의 승부수다."

스물다섯, 늦었다면 늦은 나이였다. 이것저것 시도하다 실패하고 돌아온 패잔병에게 더 이상의 기회는 없었다. 나는 인생에서 처음으로 '진짜 영어'에 도전하기로 마음먹었다. 그리고 이번에는 적당히 하다 포기하지 않고, 반드시 끝을 보겠다고 내 모든 것을 걸었다.

 리얼딜 에릭

| 늦게 시작한 탓에 '벽'을 느끼게 되다

결심은 했지만 현실은 녹록지 않았다. 뒤늦게 시작한 만큼 치러야 할 대가는 혹독했다. 우선 사회가 요구하는 기본 점수를 만들기 위해 토익부터 다시 공부했다. 읽고 듣는 '인풋(Input)'은 시간을 쏟아부으면 어느 정도 해결할 수 있었다.

하지만 진짜 문제는 '아웃풋(Output)'이었다. 머릿속에 맴도는 생각을 문장으로 만들어 입 밖으로 내뱉는 일은 차원이 다른 고통이었다. 내 영어 실력은 유치원생보다 못했기에, 하고 싶은 말은 산더미 같은데 입이 떨어지지 않아 턱 막히는 답답함이 느껴졌다. 매 순간이 한계였고, 벽이었다.

그럼에도 나는 멈추지 않았다. '노력하면 닿을 수 있다'는 믿음 하나로 도전했다. 살면서 처음으로 영어라는 대상에 뜨거운 열정을 느꼈다. 이 열정을 진짜 실력으로 만들기 위해서는 임계점을 넘어설 수 있는 '집념'이 필요했다.

경험과 환경도 만들어야 했다. 주변 친구들이 하나둘 유학을 다녀오는 것을 보면서 나도 해외 경험을 쌓고 싶다는 생각이 들었다. 하지만 넉넉지 않은 형편에 미국 유학은 꿈도 꿀 수 없었다. 그러던 중 학비가 무료인 나라, 독일이 눈에 들어왔다. 나는 망설임 없이 졸업을 미루고 독일 교환학생 프로그램에 지원했다. 돈이 없어서 선택한 길이었지만, 최선의 선택이었다.

| 낭만보다는 몰입을 선택했다

독일에 도착하니 교환학생으로 온 한국인 친구들이 많았는데, 그들은 하나같이 빛나 보였다. 명문대 출신인 데다 나이도 어리고 영어까지 유창했으며, 집안 형편도 넉넉해 보였다. 모든 면에서 나보다 여유로워 보이는 그들 때문에 나는 조급해질 수밖에 없었다.

그들은 유럽 전역을 여행하며 청춘을 만끽했다. 삼삼오오 모여 파티를 열고 추억을 쌓는 모습이 눈부셨다. 하지만 나에겐 그럴 여유가 없었다. 나이만 먹고 이룬 것 하나 없는 내가 그들과 어울려 샴페인을 터뜨릴 수는 없는 노릇이었다. 그래서 나는 스스로를 고립시키기로 마음먹었다. 여행을 떠날 시간에 단어 하나라도 더 외우고, 한국인 무리에 섞여 즐길 시간에 영어 강의 하나라도 더 봐야 했다.

아쉬웠지만 어쩔 수 없었다. 나에게 독일은 여행지가 아니라 '전장'이었다. 오직 몰입과 집중만이 가진 것 없는 내가 그 격차를 줄일 수 있는 유일한 돌파구였다.

| 폐관 수련

사람들은 흔히 묻는다. "영어를 잘하려면 얼마나 걸리나요?" 정답은 명확하다. '당신의 현재 수준'에 따라 다르다. 나는 시작이 늦었고, 영어 기초는 거의 없는 상태였다. 남들과 같은 속도로는 따라

잡을 수 없다고 판단했다. 그래서 하루 24시간 중 잠자는 시간을 제외한 16시간을 영어 공부에 투자하기로 결심했다. 그야말로 문을 걸어 잠그고 훈련하는 '폐관 수련'과 같았다.

나는 미국 라디오에서 흘러나오는 알람 소리에 잠을 깼다. 눈을 뜨자마자 영어를 귀에 꽂아 넣었고, 세수할 때는 영어 팟캐스트를 틀어놓았다. 아침 식사를 준비하면서는 쉴 새 없이 영어 섀도잉을 했고, 밥을 먹을 때는 영어 강의를 시청했다. 장을 보러 가거나 길을 걸을 때도 눈에 보이는 모든 상황을 영어로 묘사하며 혼잣말을 했다.

가족들과 밥을 먹는 시간조차 아까웠다. 식탁에서 한국어 대화가 오가거나 한국 TV 방송 소리가 들리는 짧은 순간조차 시간 낭비처럼 느껴졌다. 그래서 가족들에게 양해를 구하고 식사 중에도 이어폰을 꽂았다. 운동할 때는 물론 잠들기 직전까지 항상 귀에 영어가 흘러나왔다. 심지어 잠잘 때도 미국 라디오를 틀어놓고 잘 정도였다. 꿈조차 영어로 꾸고 싶었기 때문이다. 무의식까지 영어로 물들이고 싶었다.

AI가 없던 때, 나는 영어 공부에 매달려 영혼이라도 팔 기세였다

지금은 AI와 대화할 수 있지만, 당시에는 돈이 없으면 원어민과 말 한마디 나누기 어려운 시절이었다. 하지만 나는 포기하지 않고 온라인을 통해 서울대 영어 교육 박사 과정의 친구를 사귀어 회화 연습을 했다. 그것만으로는 충분하지 않았다.

동네에서 몰몬교 선교사들을 만났을 때, 나는 그 기회를 놓치지 않았다. 종교에는 전혀 관심이 없었지만, 그들은 나에게 '걸어 다니는 무료 원어민 선생님'과 같았다. 나는 매주 그들을 따라다니며 봉사활동에 참여했는데, 오로지 그들과 영어로 대화하며 질문할 기회를 얻기 위해서였다. 남들이 보기에는 미친 짓이라고 생각할 수도 있겠지만, 나에게는 그들과 나누는 대화 1분 1초가 어학연수와 같았다. 직장인이 하루에 2시간씩 꾸준히 영어 공부를 한다면 정말 대단한 일이고, 그렇게 1년이 쌓이면 꽤 훌륭한 실력이 될 것이다. 하지만 나는 하루에 16시간씩 영어 공부를 했다.

나의 1년은 남들의 8년과 같은 시간이었다. 물리적으로 시간을 늘릴 수 없다면, 밀도를 높여 압축하면 된다. 그렇게 미친 듯이 몰입했던 1년은 아무런 배경도 스펙도 없던 내가 영어 교육 시장에서 살아남을 수 있게 해 준, 내 커리어의 가장 강력하고 단단한 뿌리가 되었다.

기회는 준비된 자에게 찾아온다

미친 듯 영어에 몰입하여 1년을 보내고 나서야 비로소 안개가 걷히고 길이 보였다. '영어를 계속 배우고 가르치며 살고 싶다'는 진로에 대한 방향성이었다.

하지만 나에게는 치명적인 결핍이 있었다. 점수는 만들 수 있었지만, 돈이 없어 영어권 국가를 한 번도 밟아보지 못했다는 점이다.

리얼딜 에릭

영어를 업으로 삼겠다고 하면서 미국조차 한 번 가보지 못했다는 사실은 내내 마음에 걸리는 가시였다.

그러던 중, 하늘이 내려준 동아줄처럼 국가 지원 해외 인턴십 공고가 떴다. 항공료부터 체류비까지 전액 무료, 정부에서 1,400만 원이라는 거금을 지원해 주는 파격적인 기회였다. 경쟁률은 상상 이상이었다. 전국에서 내로라하는 대학생 수천 명이 몰려들었고, 최종 선발 인원은 고작 60명에 불과했다. 서류 전형을 시작으로 한국어/영어 개인 면접, 한국어/영어 단체 면접까지 총 5차례에 걸쳐 살벌한 검증이 이어졌다. 인생에서 처음 겪는 거대한 시험대 앞에서 심장이 두근거렸지만, 지난 1년간 하루 16시간씩 쏟아부은 노력은 배신하지 않았다. 마침내 나는 당당히 최종 합격자 명단에 이름을 올릴 수 있었다.

합격 후 오리엔테이션에 참석하고 나서야 비로소 내 위치를 실감할 수 있었다. 합격자 중 절반은 외고 출신이었고, 나머지는 대부분 소위 SKY라 불리는 명문대 학생들이었다. 그 화려한 스펙의 숲 한가운데 초라한 무스펙의 내가 서 있었다.

> 배경도, 학벌도, 출발선도 달랐지만, 결국 이 기회를 쟁취한 건 '스펙'이 아니라 '실력'이었다는 사실을 처음으로 증명해냈다. 그때 다시 한번 결심했다. 여기서 한 번 더 점프하자.

| 뉴욕 지하철의 미친놈, "Are you normal?"

미국행 비행기에 오르는 순간, 나는 마음속으로 다짐했다. '이것은 여행이 아니라, 하늘이 내게 준 마지막 기회다.'

뉴욕행 14시간 비행 동안 나는 한숨도 안 잤다. 기내식이 나올 때를 제외하고는 계속 영어 회화 책을 보며 기어이 한 권을 다 끝내고 비행기에서 내렸다. 뉴욕에 도착해서도 나의 영어 공부는 계속되었다. 지하철은 거대한 강의실과 같았다. 덜컹거리는 지하철 안에서 혼자 끊임없이 영어를 중얼거렸다. 어느 날은 맞은편에 앉은 미국인 아저씨가 나를 빤히 쳐다보더니 물었다.

"Are you normal? (너 제정신이니?)"

지하철에서 혼잣말을 하는 동양인 청년은 누가 봐도 이상했을 것이다. 하지만 나는 멈추지 않았다. 맨해튼 지하철, 타임스퀘어 거리 등 영어를 사용할 수 있는 곳이라면 어디든 달려들었다. 흑인, 백인, 히스패닉 누구든 가리지 않고 옆 사람에게 말을 걸었다. 부끄러움은 잠시뿐이지만 실력은 평생 남는다는 생각으로, 미국에서의 6개월을 단 하루도 헛되이 보내지 않았다. 남들이 뉴욕의 낭만을 즐길 때 나는 매일 전투적으로 영어를 익혔다.

이 시간들은 훗날 내가 영어 강사로서 수많은 학생들 앞에 섰을 때, 그들을 공감할 수 있게 해주는 가장 강력한 실전 경험이 되었다.

   리얼딜 에릭

The Real Deal

I started off as an English teacher with a monthly salary of 300,000 won.

- # 현실
- # 실력
- # Real Deal
- # 도장깨기
- # 돈

뜻을 펼쳐보고 싶은 리얼딜 에릭

월급 30만원으로 시작한 영어 강사

대학교 졸업 후, 영어 스터디 카페 사장님에게서 뜻밖의 제안을 받았다. "Eric, 동네에 작은 영어 학원을 열 생각인데, 강사로 와줄 수 있겠나?" 평소 존경하던 분의 제안에 망설임 없이 "Yes"라고 답했다. 그렇게 우리는 작은 상가에서 영어 학원을 시작했다.

내게 주어진 건 작은 교실 하나. 직접 페인트 붓을 들고 벽을 칠하며 가슴 벅차올랐다. 초라한 공간이었지만, 그곳은 세상 어떤 화려한 무대보다 소중한 나의 첫 시작점이었다. "여기서 함께 공부하고 성장하며 꿈을 그려 나가자."

첫 달, 학생은 단 한 명. 월급은 고작 30만 원이었지만, 좋아하는 영어를 가르치며 돈을 버는 기적 같은 현실에 진심으로 행복했다. 그때 내 나이 스물여덟이었다.

| 돈을 벌 때가 아니라, 실력을 벌 때

나는 내 수준을 정확히 알고 있었다. 9등급 꼴찌로 시작해 겨우 영어를 익혔기에 남들보다 늦고 부족했다. 그래서 처음부터 과분한 보상을 바라는 건 도둑 심보라고 생각했다. 지금은 돈을 벌 때가 아니라 실력을 쌓을 때였다. 배우고 익히고 성장하면 그걸로 충분했다.

그래도 30만 원으로는 생계를 유지하기 어려웠기에 나는 할 수 있는 모든 일을 하며 경험을 쌓기로 했다. 학원 수업 전에는 초등학생 과외를, 저녁부터 밤까지는 학원 강의를 했다. 학원 수업 후에는 새벽까지 고3 수험생 과외를 하며 쉴 새 없이 달렸다. 새벽 공기를 가르며 집으로 돌아가는 길이 일상처럼 느껴질 정도였다. 주말에도 쉴 틈은 없었다. 토요일에는 특목고 대비 특강을, 일요일에는 성인 영어 스터디를 운영했다. 그야말로 '주 7일 근무'였다. 남는 자투리 시간은 모두 영어 공부와 강의 연구에 쏟아부었다.

늦게 시작했기에 남들이 쉴 때 쉬고, 남들이 잘 때 자서는 결코 그들을 따라잡을 수 없었다. 나에게 일은 휴식이었고, 그 이상의 것을 바라지도 않았다. 주 7일 근무는 실력 향상을 위한 당연한 선택이었다. 그렇게 3년간 쉼 없이 달렸다. 몸은 고단했지만, 정신은 그 어느 때보다 맑았다. 그 시간은 단순히 돈을 벌기 위한 노동이 아니었다. 나 자신에게 떳떳할 수 있는 '진짜 실력'을 다지는 시간, 내가 꿈꾸던 'Real Deal'이 되기 위한 혹독하지만 즐거운 수련의 시간이었다.

| 나 혼자만 레벨업

주 7일, 3년. 주변 사람들은 혀를 내두르며 물었다. "그렇게 살면 힘들지 않아? 좀 쉬엄쉬엄해."

솔직히 말하면 나는 단 한 번도 힘들다고 느낀 적이 없었다. 20대의 넘치는 체력 덕분이기도 했지만, 더 근본적인 이유는 따로 있었다. 나에게 모든 수업은 완수해야 할 '퀘스트'였고, 강의실에서 보내는 시간은 나를 성장시키는 '경험치'였기 때문이다.

마치 게임에 빠진 아이가 밤새는 줄 모르는 것처럼, 나는 영어교육이라는 '게임'에 푹 빠져 있었다. 내가 정말 하고 싶었던 일을 하면서 돈까지 벌 수 있다니, 너무나 감사하고 행복해서 피곤함도 잊을 정도였다. 하지만 주변 사람들은 나와 너무나 달랐다.

친구들을 만나면 으레 듣는 이야기는 한결같았다.

출근하기 싫다",

"월요일이 오는 게 공포다",

"먹고살려고 억지로 한다".

처음에는 이해가 되지 않았다. '왜 하기 싫은 일을 억지로 하면서 살아야 할까?' 하지만 시간이 지나면서 알게 되었다. 세상 모든 사람이 하고 싶은 일만 하면서 살 수는 없다는 사실을.

∣ 좋아하는 일을 직업으로 만들기 위한 유일한 조건은 '실력'이다

그때부터 나는 고민했다. '하고 싶은 일을 하며 사는 사람과, 하기 싫은 일을 억지로 하는 사람. 이 둘의 가장 큰 차이는 무엇일까?'

답은 간단했다. 바로 '실력'이었다.

누구나 축구를 좋아한다고 해서 축구선수가 될 수 있는 것은 아니다. 리오넬 메시처럼 압도적인 실력을 갖춰야만 축구를 '직업'으로 삼을 수 있다. 실력이 부족하다면 축구는 퇴근 후 즐기는 '취미'로 남겨두고, 생계를 위해 다른 일을 찾아야 한다.

내가 주 7일 영어를 가르치면서 행복할 수 있었던 이유는 단순히 영어를 좋아해서만은 아니었다. 지난 시간 동안 미친 듯이 실력을 갈고닦았기에 시장이 나를 선택했고, 덕분에 좋아하는 일을 업으로 삼을 수 있었던 것이다.

나는 깨달았다. 자유는 거저 얻어지는 것이 아니다. 진정으로 하고 싶은 일을 하며 살아가려면 그 누구보다 뛰어난 실력을 먼저 갖춰야 한다.

실력이 부족하면 선택의 여지가 없다. 싫어도 해야만 한다. 하지만 실력이 있다면 선택할 수 있다. 그때부터 나는 '실력'을 내 인생의 제1 가치로 여기고 **진정한 실력을 쌓는 것**에 집중했다. 이것이 내가 말하는 첫 번째 진정성이다.

 리얼딜 에릭

| Real Deal이 되자

한국 사회에서 학벌, 스펙, 인맥은 신성불가침의 영역처럼 여겨지며, 사람들은 그것들이 인생의 성패를 좌우한다고 굳게 믿는다. 하지만 내 생각은 다르다. 스펙은 경쟁자들의 실력이 비슷할 때에만 힘을 발휘할 뿐이다.

실력 차이가 압도적이라면 이야기는 달라진다. 지방대 출신이든 고졸이든 학력은 중요하지 않다. 해킹 실력이 세계 최고 수준이라면 구글이든 삼성이든 서로 데려가려고 할 것이다. 초등학교 졸업이 최종 학력이고 인맥이 없다 하더라도, 뛰어난 마케팅 실력으로 망해가는 회사의 매출을 10배나 올려줄 수 있다면 사장은 그 사람을 매우 귀하게 여길 것이다. 디자인, 공학, 예체능 등 어떤 분야든 본질은 마찬가지다.

누군가 학벌과 스펙을 따진다면, 이는 역설적으로 '실력으로는 차이를 낼 수 없다'고 고백하는 것과 같다. 실력이 우선이고 간판은 차선인데도, 많은 사람이 실력을 키울 생각은 않고 타이틀이 부족하다며 세상 탓을 한다. 이는 거대한 착각이다.

| 서울대생을 이기는 법, 'Real Deal'이 되어라

입시 강사 시절, 수능을 망쳐 서울 소재 대학에 가지 못했다며 울상을 짓는 제자들에게 나는 늘 이렇게 말했다. "네가 지방대를 가든,

다른 곳을 가든 상관없다. 딱 하나만 목표로 해라. 서울대생보다 더 잘하면 된다. 그러면 아무 문제없다.”

대부분의 학생은 서울대 학생을 실력으로 이길 생각조차 하지 못한 채, 간판만 보고 지레 겁을 먹는다. 하지만 사회에서는 수능 점수가 아닌 실력이 진짜 계급장이 되므로, 그들보다 뛰어난 실력을 갖추는 것이 중요하다. 그때까지는 불평이나 걱정을 할 필요가 없다.

나는 철저하게 그런 마음으로 살아왔다. 9등급 출신에 변변찮은 대학을 나왔고, 시작도 늦었다. 과거 이력만 보면 나는 남들보다 현저히 부족한 사람이지만, ‘영어 교육’이라는 본질에 있어서는 누구에게도 뒤지지 않는다고 자부한다.

> 압도적인 실력은 부족한 과거를 지우고, 화려한 스펙을 뛰어넘는다.
>
> 이것이 내가 추구하는 ‘Real Deal(리얼딜)’의 정의다. 소문이나 타이틀 거품을 걷어내고도 남는, 진짜 가치와 실력이 있는 존재를 뜻한다.

본질을 키우면 당당해지고, 당당해지면 선택권이 생긴다. 결국, 선택권이 많아질수록 인생의 자유도가 높아지며, 실력이 우리를 우리가 원하는 삶으로 이끌어주는 것이다.

프리랜서나 1인 기업을 꿈꾼다면 명심해야 할 점은 화려한 포장지를 만드는 데 집중하기보다 내용물을 ‘진짜’로 만드는 데 힘써야

 리얼딜 에릭

한다는 것이다. 그것만이 당신을 자유롭게 하는 진정한 방법이다.

유치원부터 대기업까지, 대한민국 영어 교육의 '도장 깨기'

스물여덟, 월급 30만 원을 받으며 동네 학원에서 시작한 강사 생활은 결코 화려하지 않았다. 하지만 목표만큼은 처음부터 뚜렷했다. 나는 그저 '시험 영어나 가르치는 동네 학원 강사'로 남고 싶지는 않았다.

"누가, 어떤 영어를 물어보든 완벽하게 가르쳐 줄 수 있는 사람." 나는 정말 믿을 수 있는 만능 영어 교육 전문가, 'Real Deal'이 되고 싶었다. 그래서 나는 대한민국 영어 교육의 A부터 Z까지를 직접 경험해 보기로 했다. 일종의 '도장 깨기'와 같은 과정이었다. 영어 유치원에서 아르바이트를 하며 어린아이들 앞에서 무릎을 꿇고 알파벳 A, B, C를 가르쳤고, 초등학생들의 어휘력과 읽기 능력을 지도하며 영어의 기초를 다져주었다. 중학생들의 내신 성적을 책임지면서 입시의 쓴맛을 보기도 했으며, 고등학생과 재수생들을 가르치면서 수능이라는 거대한 전쟁터의 치열함을 온몸으로 느껴야 했다.

대한민국에서 교육열이 가장 높은 곳이라 불리는 대치동으로 건너가 최상위권 학생들을 가르치며 '입시 영어'의 정점을 찍기도 했다.

하지만 학교 영어 교육만이 전부가 아니었다. 나는 성인 시장으로 눈을 돌려, 취업을 준비하는 대학생들에게 토익과 오픽을 가르쳐 목표 점수를 달성하도록 도왔다. 또한, 공무원 시험 영어와 면접 영어를 대비할 수 있게 하여 합격에 기여했다.

에릭 선생님의
영어과목 리뷰 입니다.

초등 6학년때 [이맥스영어(eMAX English)]에서 3개월~6개월 수강했습니다.

| 강의를 선택한 이유 입니다.

실력향상

| 이런 학생에게 권하고 싶은 강의입니다.

■ 성향

성실한

■ 학습상태

이 과목을 잘 하는

■ 학년과 성별

초등 고학년　남학생

| 난이도는 최상위권 입니다.

| 이 선생님의 강점 입니다.

■ 학년과 성별

초등 고학년　남학생

■ 수업

강의력, 전달력　해박한 전문 지식　실력 높이기　자신감 고취　사고력 확장

■ 관리

동기부여　질문이 용이　따뜻한 관심　꼼꼼한 관리

■ 그리고 또

튼실한 커리큘럼　도전감 유발

| 아쉬운 점도 있습니다.

■ 학년과 성별

없음

| 위에서 못 다한 얘기를 하면요~

학생 개인 코멘트가 확실하며
동기부여를 제대로 해주시며 완벽에 가까운 관리와 실력을 겸비하신 분

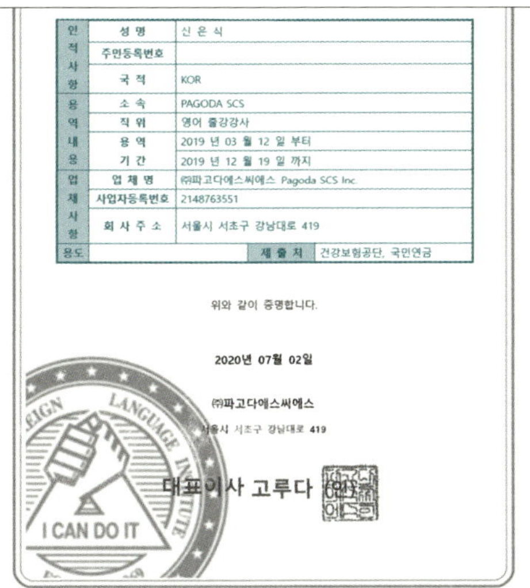

파고다어학원 강사 증명서

기업체에 출강하여 임직원들에게 비즈니스 영어를 가르치기도 했으며, 주말에는 성인 회화 스터디를 운영하며 일반인들의 영어 학습에 대한 갈증을 해소해 주었다. 강의 평가는 모든 곳에서 늘 최고 점수를 받았다.

| 어디에서나 능통한 '전천후' 강사

가르치는 일만 한 것은 아니었다. 영어가 필요한 곳이라면 어디든 찾아다녔다. 외국인과의 소통이 귀하던 시절, 지역 사회에서는 해외 입양 가족들을 위해 통역 봉사를 자처하며 누군가의 입과 귀가 되어주기도 했다.

나는 이 직업을 택했으니 적어도 '반쪽짜리'가 되어서는 안 된다고 생각했다. 입시만 알고 회화는 못 하는 강사, 말만 잘하고 학술은 엉망인 강사는 되고 싶지 않았다.

" 어디서든 통하는 진짜 실력자가 되어야 한다."

나는 그 신념 하나로 영어 교육의 거의 모든 단계를 직접 경험하며 부딪히고 깨우쳤다. 그렇게 나는 어떤 학생이, 어떤 목표를 가지고 오더라도 해답을 줄 수 있는 '전천후 강사'로 성장해 있었다. 그렇게 자신감으로 가득 찼던 나는 앞만 보고 달리면 된다고 생각했다. 하지만 바로 그때, 세상은 예고도 없이 멈춰 섰다. 전대미문의 재난, COVID-19의 확산이었다.

| 세상이 멈춘 순간, 나는 달리기 시작했다.

2020년, 코로나19 팬데믹이 닥쳐 '집합 금지'라는 네 글자가 대한민국 교육 현장을 옥죄었다. 전국 학원들이 문을 닫고 예정됐던 강의 일정은 하루아침에 사라졌다. 동료 강사들이 하나둘 일자리를 잃고 짐을 싸는 모습을 지켜봐야 했다. 기업 출강 시장 역시 확진자 파동으로 얼어붙었다.

모두가 "큰일 났다"라고 말했지만, 역설적이게도 그 위기의 순간에 지난 시간 동안 내가 묵묵히 쌓아 올린 경험들이 빛을 발하기 시작했다.

"이 강사 수업은 꼭 들어야 해." 라는 말을 들을 정도로 위기 속에서도 내 수업만큼은 꾸준히 수요가 있었다. 오히려 이전보다 더 좋은 조건으로 새로운 학원들과 계약을 맺을 수 있었다. 면접장에 들어갈 때마다 원장님들은 나의 시범 강의를 보며 감탄했다. "요즘에 이런 강사는 정말 보기 드뭅니다." 칭찬이 끊이질 않았다.

리얼딜 에릭

내 몸값은 수직 상승했다. 강사 생활 초기 4년간 월평균 수입은 300만 원 정도였으나, 코로나19가 터진 2020년부터 400만 원, 450만 원, 500만 원으로 상승하더니 결국 700만 원까지 치솟았다. 남들은 생존을 걱정하던 시기에 아이러니하게도 나는 강사로서 커리어 하이를 찍고 있었다.

| Money Matters, 돈은 문제가 된다

통장에 찍히는 숫자는 늘어났지만, 나는 마냥 웃을 수 없었다. 화려한 성적표 뒤에는 짙은 그림자가 드리워져 있었기 때문이다. 그것은 학원 산업의 구조적 위기였다. 뉴스를 틀면 매일같이 '역대 최저 출산율'에 대한 보도가 쏟아졌다. 가르칠 학생 수는 매년 급감하는데, 먹고살기 위해 학원을 차리는 경쟁자들은 날이 갈수록 늘어났다.

그곳은 레드오션 중에서도 핏빛이 낭자한, 가장 치열한 레드오션이었다. 지금의 수입이 과연 언제까지 지속될 수 있을까? 보장된 것은 아무것도 없었다. 아무리 날고 기는 강사라도 시장 자체가 쪼그라드는 상황은 막을 수 없는 노릇이었다. 설상가상으로 결혼 적령기가 되면서 혼자 벌어 쓸 때는 몰랐던 가장의 무게가 현실로 다가왔다.

그때 처음으로 낭만이 아닌 현실의 언어로 인정했다. "Money Matters. 결국 돈이 문제다."

　　좋아하는 일을 하는 만족감만으로는 지킬 수 없는 것들이 있었다. 나는 처음으로 '돈'과 '미래'에 대해 진지하게 고민하기 시작했고, 이 고민은 내가 '학원 강사 Eric'에서 '창업가 Eric'으로 도약하게 된 결정적인 계기가 되었다.

리얼딜 에릭

One Giant Leap

Connecting the Dots

#나만의 브랜드

#본질

#SNS

#전략

#첫 수익

뜻을 펼쳐보고 싶은 리얼딜 에릭

창업

물론 돈이 전부는 아니었다. 지난 7년 간 유치원에서 대기업 임원실까지 쉼 없이 현장을 누비며 대한민국 영어 교육의 현실을 마주한 나는, 모두가 '교육'을 외쳤지만 실제로는 제각기 다른 속셈을 품고 있었고, 정작 배워야 할 사람들에게 필요한 본질은 빠져 있다는 사실을 깨달았다.

수많은 현장을 떠돌며 쌓은 경험은 내게 끊임없이 속삭였다. "이제 네가 진정으로 하고 싶은 교육을 펼쳐볼 때가 되지 않았느냐"라고. 그 물음은 두려움과 동시에 가슴 뛰는 설렘을 안겨주었고, 묘한 자신감이 용솟음치는 것을 느꼈다.

그러다 문득 깨달았다. 그동안 나는 누군가가 만들어 놓은 판 위에서 춤을 추는 존재에 지나지 않았다는 것을. 정해진 틀 안에서 배우고 성장했지만, 이제는 그 좁은 틀을 깨고 나와 나만의 길을 개척해야 할 때가 온 것이다.

나는 스스로에게 물었다. "돈이 되는 교육과 내가 진정으로 하고 싶은 교육, 이 두 가지를 동시에 이룰 수는 없을까?" 그리고 "내가 좋아하는 일을 하면서 돈도 벌 수 있다면, 그것이야말로 내가 그토록 갈망하던 '진정한 실력'이자 '자유'가 아닐까?"라고 자문했다. 이러한 고민은 단순한 호기심에서 비롯된 것이 아니었다. 이는 내 인생의 방향을 완전히 바꾸는 결정적인 질문이었다. 마침내 나는 내가 꿈꿔왔던 영어 교육을 세상에 선보이기로 결심했다.

> 스티브 잡스는 말했다.
>
> "우리는 앞을 보며 점을 연결할 수 없다.
>
> 오직 뒤돌아볼 때만 점이 연결되었다는 걸 볼 수 있다."

지난 7년이 꼭 그랬다. 당시에는 살아남기 위해 닥치는 대로 모든 일을 했지만, 돌이켜보니 나만의 브랜드를 만들기 위한 철저한 '예습' 과정이었다. 각종 언어 학습 이론부터 수천 명의 학생 유형 데이터, 밑바닥부터 쌓아온 수업 노하우, 교재를 만들며 익힌 컴퓨터 활용 기술, 그리고 대중의 트렌드를 읽는 직관까지 모두 말이다.

내 손에는 이미 강력한 무기들이 들려 있었다. 흩어져 있던 점들이 하나의 선으로 연결되는 순간, 나는 비로소 '리얼딜(Real Deal)'이 될 준비를 마쳤다.

| 거품 낀 시장, '진짜(Real Deal)'가 들어갈 틈을 보다

2022년 9월, 나는 고등부 입시 학원의 대표 강사로 일하며 나름 전성기를 누리고 있었다. 수입도 넉넉하고 시간적 여유도 있어서 겉보기에는 안정적인 삶이었다. 하지만 속으로는 점점 타들어 가는 듯했다. 뉴스에서는 역대 최저 출산율을 연일 경신했고, 동네에는 경쟁 학원들이 쉴 새 없이 생겨났다. 점점 줄어드는 파이를 놓고 경쟁해야 하는 상황에 놓인 것이다. 게다가 점수 따기식 내신 교육은 시대착오적이라는 생각마저 들었다. 따라서 오프라인 입시판에 미래를 걸기에는 위험 부담이 너무 크다고 판단했다.

반면에 온라인 세상은 완전히 바뀌어 있었다. 디자이너, 마케터, 개발자 할 것 없이 누구나 SNS를 통해 자신만의 브랜드를 만들고 '1인 기업'으로 활동하는 시대였다. 나는 나의 뿌리인 '성인 영어 교육'에 다시 주목했다. 내가 성인이 되어서 영어를 배웠기 때문에 누구보다 잘 아는 분야였기 때문이다. 시장을 분석해 보니 놀라운 기회가 펼쳐지고 있었다.

유튜브에는 체계 없이 흥미 위주로만 이루어진 피상적인 콘텐츠가 많았고, 유료 강의 시장은 과장 광고로 가득했다. "하루 10분이면 원어민처럼 말하기", "억지로 외우지 않아도 자연스럽게", "2주 만에 귀가 뚫리는 마법" 등, 본질은 숨긴 채 요행만 바라는 시장의 모습에 나는 역설적으로 확신을 얻었다. '해볼 만하다. 아니, 무조건 된다.'

모두가 쉽고 빠르다고 거짓말할 때, 누군가 한 명쯤은 '정직하고 깊이 있는 진짜 영어'를 이야기해야 한다고 생각했다. 이러한 진정성은 반드시 통할 수밖에 없다고 판단했고, 곧바로 내 철학을 담은 브랜드 'Real Deal(리얼딜)'을 만들어 활동명 뒤에 내 영어 이름을 붙여 '리얼딜 에릭'으로 활동하기 시작했다. 이것이 내 창업의 시작이었다.

| "안녕하세요, 영어 설계자 리얼딜 에릭입니다."

처음에는 블로그를 시작했다. 당시 나는 유튜브 시청 외에는 SNS를 거의 하지 않아서, 요란한 인스타그램보다는 키워드 중심으로 글을 쓰는 블로그가 그나마 친숙하게 느껴졌기 때문이다. 하지만 단순히 글을 쓰는 데 그치지 않고, 블로그 로직을 파고들어 상위 노출 전략을 익혔다. 또한 사람들이 어떤 키워드로 영어 고민을 검색하는지 철저히 분석했다.

"안녕하세요, 영어 설계자 리얼딜 에릭입니다."

처음 시작한 블로그 대문 이미지

나는 단순한 강사가 아닌, 사람들의 영어를 설계해 주는 사람이라고 스스로를 정의했다. 그리고 사람들이 정말 궁금해하는 것, 학습자가 꼭 알아야 하는 영어 학습의 본질을 글로 풀어냈다.

리얼딜 에릭

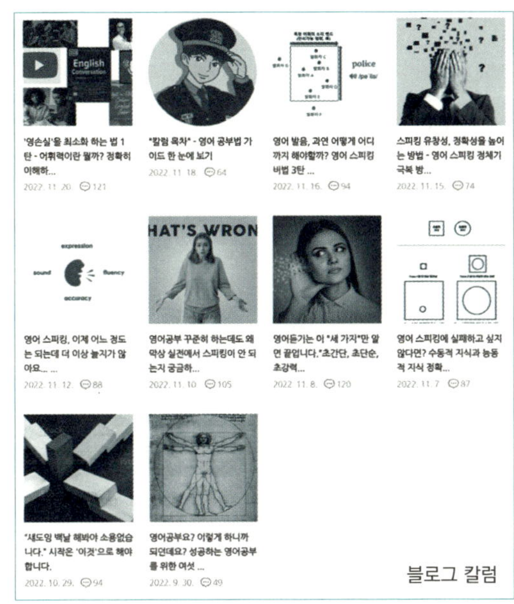

반응은 즉각적이었다. 특히 영어 학습에 대한 사람들의 심리를 정확히 파악하고 있었기에, 내가 쓴 글은 그들의 가려운 부분을 시원하게 긁어주는 듯했다. 방문자 수가 늘고 이웃이 생겨나기 시작했다. 오프라인 교실을 넘어 온라인이라는 거대한 광장에 드디어 내 깃발이 꽂히는 순간이었다.

조회 수의 함정: 휘발성 노출이 아닌 탄탄한 팬덤 구축

블로그를 시작하고 방문자 수가 늘었지만, 곧 그 숫자가 허상임을 깨달았다. 사람들은 필요한 정보만 얻고 곧바로 페이지를 떠났다.

인스타 피드

이는 브랜딩을 통해 '나'라는 사람을 기억하게 만드는 것이 아닌, 단순한 휘발성 노출에 불과했었다.

전략을 수정해야만 했다. 블로그를 통해 콘텐츠 퀄리티를 높이는 동시에 인스타그램을 활용해 팔로우 기반의 팬덤을 구축하기로 했다. 동일한 콘텐츠를 올려도 인스타그램에서는 팔로워라는 기능이 있기 때문에 꾸준한 노출을 통해 '리얼딜 에릭'이라는 브랜드를 효과적으로 각인시킬 수 있다고 판단했기 때문이다.

블로그는 완전히 탈바꿈했다. 조회수만을 위한 피상적인 정보 글은 지양하고, 대신 내가 가장 잘 아는 '영어 학습의 본질'이나 '반드시 성공하는 공부법' 관련 칼럼을 집중적으로 게재하여 전문성을 높였다.

단순한 정보 나열이 아닌, 10년간 쌓아온 철학과 경험을 담아 진심으로 쓴 글은 통했다. 시리즈로 글이 쌓여갈수록 사람들의 반응은 뜨거워졌다. 눈팅만 하던 이들이 이웃 신청을 하고, 장문의 댓글을 남기는가 하면, 개인적인 고민을 담은 메시지를 보내오는 등 변화가 일어났다. '방문자'가 '팬'으로 바뀌는 순간이었다.

| 나의 첫 상품 제작기

팬들이 모이기를 기다리며 나는 그들에게 줄 첫 번째 선물로 전자책을 준비했다. 단순한 수익 창출이 목적이 아니었다. 블로그와 인스타그램에 흩어진 정보들을 모아 '온전한 책'의 형태로 제공하고 싶었다. 독자들이 체계적으로 정보를 습득하고 내 브랜드에 대한 신뢰를 쌓을 수 있도록 하고 싶었기 때문이다.

리얼딜 클라쓰 첫 모집 피드

모든 것이 처음이었다. 글 쓰는 법도, 디자인 툴을 다루는 법도 알지 못했다. 맨땅에 헤딩하듯 하나하나 배워가며 밤을 새웠다. 당시 시장에는 '전자책 붐'이 일고 있었다. 여기저기서 짜깁기한 정보로 만든 조악한 전자책이 판치는 시장에서, 나는 확실한 차별성을 보여주고 싶었다.

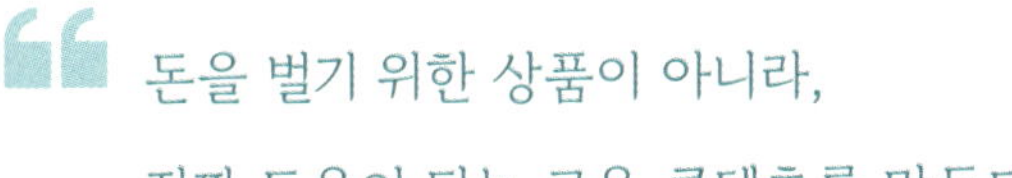

> 돈을 벌기 위한 상품이 아니라,
> 진짜 도움이 되는 교육 콘텐츠를 만든다.'

이 강렬한 진심을 상품에 녹여냈다. 시중 전자책의 2배가 넘는 압도적인 분량으로 내용을 알차게 채웠고, 가독성을 높이기 위해 책 내부 디자인 하나하나에 심혈을 기울였다.

누군가는 PDF 전자책에 그만한 노력을 들일 필요가 있냐고 물을 수도 있다. 하지만 나는 알고 있었다. 이 책은 단순히 한 번 판매하고 끝낼 제품이 아니라는 것을. 고객이 처음으로 구매하는 내 상품이며, 이 작은 책을 통해 '돈이 아깝지 않은 가치'를 느낀 다면 앞으로 내가 만들 수십만 원 상당의 강의도 믿고 구매할 것이라고 생각했다. 나에게 전자책은 단순한 상품을 넘어 '신뢰를 보장하는 수표'와 같았다.

유치원에서 대기업에 이르기까지 내가 경험한 모든 강의 현장, 수많은 실패와 시행착오, 그리고 직접 몸으로 겪으며 얻은 깨달음의 정수가 담긴 결과물이 세상에 나올 준비를 마친 것이다.

리얼딜 클라쓰 초기 웹사이트

| 세 가지 SNS 전략

한 달에 걸쳐 공들여 전자책을 완성했다. 내 모든 노하우를 쏟아부은 자식 같은 결과물이었다. 하지만 끝이 아니었다. 진짜 승부는 바로 지금부터였다. 마케팅과 세일즈라는 관문이 기다리고 있었다.

아무리 책을 잘 만들었더라도 알리지 못하면 아무 소용이 없다. 나는 강사라는 생각은 버리고 마케터가 되기로 결심했다. 무턱대고 홍보만 하는 것은 미숙한 방법이므로, SNS 콘텐츠를 세 가지 전략적 기준으로 나누어 운영하기 시작했다.

　　　　　　　　　　　　　　　리얼딜 에릭

전략 1. 유입(Traffic) 콘텐츠

첫 번째 단계는 나를 모르는 사람들까지 내 영역으로 끌어들이는 것이었기에, 그물을 넓게 펼쳐야 했다. 대중적이고 접근성이 쉬운 콘텐츠가 필요했고, 블로그에는 사람들이 많이 검색하는 키워드를 활용하여 포스팅했으며, 인스타그램에는 누구나 흥미를 느낄 만한 짧고 재미있는 영어 릴스를 발행했다. 이 모든 목적은 최대한 많은 조회수를 유도하여 노출을 극대화하는 데 있었다.

전략 2. 팬덤(Fandom) 콘텐츠

진짜 실력을 보여줘야 하는 콘텐츠다. 사람들이 모였다면, 이제 그들의 시선을 사로잡을 '매력'을 보여줘야 한다. 이는 유입된 사람들에게 나의 전문성을 증명하고 신뢰를 쌓는 단계이다. 나는 블로그에 '영어 학습법'에 대한 심도 있는 칼럼을 기고했고, 인스타그램에는 영어 지식을 깊이 있게 풀어낸 카드 뉴스를 발행했다. 사람들에게 "이 사람, 뭔가 다르네?"라는 인상을 심어주는 것, 그것이 잠재 고객을 팬으로 만드는 핵심 비결이었다.

전략 3. 홍보(Promotion) 콘텐츠

충분한 유입으로 노출을 만들고 깊이 있는 콘텐츠로 신뢰를 쌓았다면 비로소 상품을 제시해야 한다. 이전 단계에서 이미 가치를 증명했기에, 상품을 구걸하듯 "제 책을 사세요"라고 말할 필요가 없었다. 신뢰가 쌓인 상태에서의 제안은 고객의 문제를 해결해 줄 솔루션으로 받아들여져, 거부감 없이 구매로 이어진다.

이 세 박자가 맞아떨어지자 결과는 폭발적이었다. 블로그와 인스타그램을 전략적으로 운영한 지 불과 3개월 만에 3만 명이 넘는 이웃과 팔로워가 생겼다. 이는 허수가 아닌, 내 이야기에 귀 기울이고 지갑을 열 준비가 된 '진짜 팬덤'이었다. 이제 판은 깔렸으니, 증명할 일만 남았다.

| 4개월 만에 달성한 첫 수익

그렇게 출간한 전자책은 예상치 못한, 아니 상상 이상의 성과를 냈다. 판매 첫 달에만 순수익 1,000만 원을 달성하며 그야말로 대성공을 거둔 것이다.

통장에 찍힌 숫자도 놀라웠지만, 나를 더욱 감동하게 한 것은 사람들의 반응이었다. 흔한 위로를 건네는 에세이도, 토익 고득점 스킬을 나열한 기술서도 아닌, 영어 학습의 원리를 철저하게 파고들어 체계적으로 정리한 책이었기에 대중의 외면을 받을까 두려워했던 마음은 기우였다.

독자들의 피드백은 뜨거웠다.

2022.12 전자책 첫 수익 (200건 이상)

❝ 이건 시중의 다른 책들과 차원이 다릅니다."

"제가 진짜 원하던 이야기가 여기 있었네요."

"읽으면서 감동했습니다."

영어책을 읽고 감동했다는 사실에, 나는 그 순간 확신이 들었다. 내가 고수해온 'Real Deal'이라는 방향이 틀리지 않았으며, 나만의 색깔을 시장이 인정하기 시작했다는 첫 번째 신호탄임을 깨달은 것이다.

기회의 창이 닫히기 전에 런칭한 두번째 상품

기회가 왔을 때 잡아야 했다. 확신이 들자 멈출 이유가 없었고, 곧바로 첫 온라인 강의 수강생을 모집했다. 결과는 또 한 번의 성공이었다. 첫 모집에서 1,000만 원의 수익을 올렸고, 2022년 12월 단 한 달 만에 전자책과 강의로 2,000만 원을 벌어들였다. 하지만 여기에는 숨겨진 비밀이 있다.

강의를 판매하던 시점에 나는 사실 준비된 강의 영상도, 완성된

2022.12 온라인 첫 수익 강의(290건)

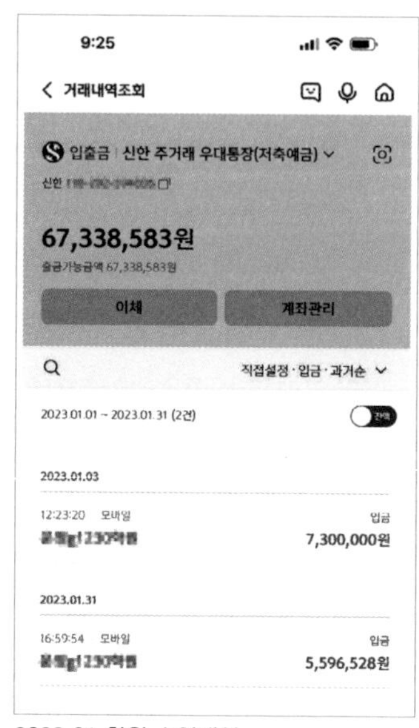

2023.01 학원 수익내역

교재도 전혀 없었다. SNS라는 판이 깔리고 사람들이 모였을 때, 나는 일단 저질렀다. "강의를 하겠습니다. 믿고 신청해 주세요."

돈을 먼저 받고 나니 발등에 불이 떨어진 기분이었다. 그날부터 상품 제작에 돌입했다. 낮에는 강의를 기획하고, 저녁에는 교재를 집필하고, 밤에는 영상을 촬영하고, 새벽에는 편집하여 아침에 업로드하는 강행군을 이어갔다.

수강생들에게 매일 강의를 제공하겠다고 약속했기에 단 하루도 어기지 않았다. 강제적으로 실행력이 극대화되는 시간이었다. 지금 생각해보면 미친 짓처럼 보일 수도 있지만, 그때는 그것이 정답이었다. 준비만 하다가 시간을 허비하는 대신, 실전에 뛰어들어 고객들의 피드백을 즉각적으로 반영하며 상품과 서비스의 품질을 개선해나갔다.

완벽하게 준비된 시작은 없다. 일단 시작한 후 부족한 부분을 채워나가며 성장하는 것이다. 그렇게 치열했던 '선 판매 후 제작' 과정을 통해, 꿈에 그리던 '나만의 영어 브랜드 서비스'를 비로소 현실로 만들어낼 수 있었다.

리얼딜 에릭

Earn Your Freedom

Classes into Business

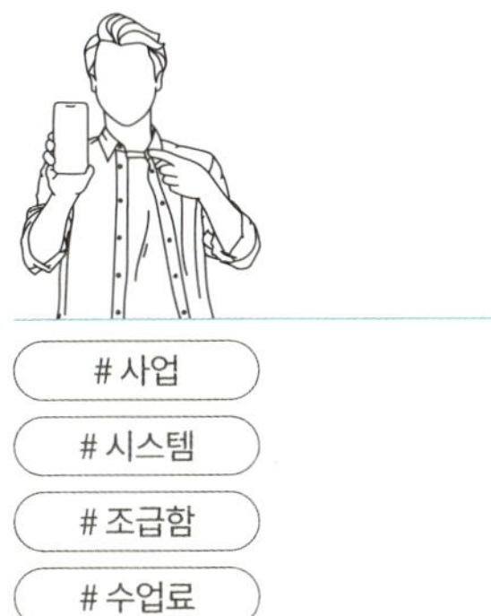

- #사업
- #시스템
- #조급함
- #수업료
- #진정성

뜻을 펼쳐보고 싶은 리얼딜 에릭

수업에서 사업으로

2023년 1월 오프라인 학원 수익도 1,000만원을 돌파하고, 온라인 매출까지 총 3,000만 원이 통장에 찍혔고, 이 놀라운 결과는 매달 이어졌다. 하지만 기쁨과 동시에 불안감도 엄습했다. 이러한 성과가 언제까지 지속될 수 있을지에 대한 의문이 끊임없이 머릿속을 맴돌았다. 그래서 온라인 사업의 토대를 더욱 굳건히 다지기로 결심했다.

사업 경험은 전무했기에 콘텐츠 기획부터 마케팅, 고객 관리, 디자인, 브랜딩에 이르기까지 모든 과정을 스스로 부딪치며 배워나가야 했다. 육체적으로는 극심한 피로가 몰려왔지만, 마음은 오히려 가벼웠다. 알 수 없는 두려움보다는 새로운 도전에 대한 설렘이 더 크게 느껴졌기 때문이다.

| 고객이 '지지자'가 되는 기적

나는 내 상품을 알아보고 선택해 준 고객들에게 진심으로 감사했다. 그 고마움을 갚을 수 있는 방법은 오직 하나, 바로 서비스 품질과 소통이었다. 나는 수강생들의 피드백을 하나도 놓치지 않고 반영했으며, 한 명 한 명에게 정성을 다해 장문의 상담과 답변을 남기며 진정성 있는 케어를 제공했다.

진심은 통했는지, 한 달이 지나자 놀라운 일들이 벌어졌다. 한 수강생은 "선생님께 확신이 들어 1년 치 수강료 백만 원을 미리 결제하겠다"며 선뜻 결제했고, 또 다른 수강생은 "제가 디자이너인데, 선생님 수업 홍보물을 직접 만들어 드리고 싶다. 너무 좋아서 그런다"는 뜻밖의 제안을 해오기도 했다.

자발적으로 일을 돕겠다는 수강생, 스승의 날 꽃과 편지를 들고 찾아온 온라인 제자들. 그들은 단순한 '구매자'를 넘어, 나의 브랜드를 함께 키워가는 든든한 '지지자'였다.

그중 잊을 수 없는 일화가 있다. 운전 중 한 수강생에게서 온 메시지에는 "선생님, 제가 쓴 책을 한 권 보내드리고 싶습니다."라고 적혀 있었다. 며칠 후 도착한 책을 보고 나는 소름이 돋았다. 그는 대한민국 대표 기업으로 이름만 대면 알 만한 곳의 창업자이자 CEO였다. 그는 내 수업이 사업이 되는 길을 응원해 주었고, 그 인연은 지금도 이어지고 있다.

 리얼딜 에릭

나는 깨달았다. "내가 진정으로 가치 있다고 믿는 것을 세상에 내놓고 진심으로 소통하면 고객은 팬이 되고 지지자가 된다." 그 사실을 확인하자 더 이상 두려울 것이 없었다. **진정한 가치를 주는 것,** 이것이 내가 말하는 두 번째 진정성이다.

| 사표를 던지고, 이제는 '창업가'의 길을 걷다

2월, 3월, 4월, 시간이 흐르면서 내 브랜드는 점점 더 단단해져 갔다. 간이 웹사이트를 구축하고 디자인을 입히는 것은 물론, 마케팅 퍼널을 설계하며 시스템을 갖춰 나갔다. 4개월 동안 잠을 줄여가며 쉴 새 없이 달려온 결과, 나는 마침내 확신하게 되었다. '나도 좋은 브랜드를 만들 수 있다'.

> 그리고 마침내 결단했다.
> "이제, 남의 간판이 아닌 내 이름으로 승부하자."

나는 몸담았던 학원에 사표를 냈다. 안정적인 월급과 익숙한 환경을 스스로 포기하고 나온 것이다. 오로지 나만의 브랜드를 만들어 홀로 서고 싶었기 때문이다. 두려움은 있었지만 후회는 없었다. 이제 모든 성공과 실패는 오롯이 내 몫이다. 그 무거운 책임감이 이상할 정도로 짜릿하게 느껴졌다. 그렇게 나는 드디어 강사라는 껍질을 깨고 '창업가'로서 새로운 출발선에 섰다.

| 이벤트 한 번으로 매출이 3배나 오르는 신선한 충격

온라인 사업을 시작하고 3분기가 지날 무렵, 월 매출은 2,000만 원에서 3,000만 원 사이로 안정적인 흐름을 보였다. 나쁘지 않은 성과였지만, 기대했던 만큼의 폭발적인 성장은 나타나지 않았다. 강의와 커리큘럼, 웹사이트 등 내부적인 완성도는 높였지만, 마케팅 방식은 8개월 동안 정체되어 있었다.

변화의 계기는 의외의 순간에 찾아왔다. 신혼여행 중 낯선 공간에서 머리를 식히다가 문득 새로운 아이디어가 떠오른 것이다. 수강 기간을 대폭 늘려주고, 그 혜택을 돈으로 환산하여 파격적인 할인율을 제시하는 특별 이벤트를 해보면 어떨까 생각했다. 지금 생각하면 마케팅의 기본 중 기본이지만, 당시의 나에게는 생애 첫 '프로모션' 시도였다.

결과는 충격적이었다. 전달 2,200만 원이었던 매출이 순식간에 6,000만 원으로 껑충 뛰어올랐다. 단 하루 만에 3,000만 원 이상의 추가 매출이 발생하며, 단 한 번의 시도로 매출이 3배 가까이 폭등하는 놀라운 결과를 낳았다.

| 자본주의의 진짜 룰을 깨닫다

나는 단숨에 거대한 성과를 맛보며 깊은 생각에 잠겼다. 그리고 현대 사회에서 돈의 본질은 곧 '시간'이라는 것을 깨달았다.

결제 내역

2024.1 리얼딜 클라쓰 내역

조회기간(최대 1개월 조회 가능) 검색

240101 - 240131 주문번호, 구매자, 상품명 검색가능 상세검색 조회하기

합계   414 건 (142,121,300 원) | 승인   432 건 (149,131,500 원) | 취소   18 건 (7,010,200 원)

No	결제수단	거래상태	승인일자	취소일자	거래금액	취소후 잔액	원거래금액	구매자	상품명	주문번호	취소
1	네이버페이	승인	2024/01/31 23:59		237,600	0	0	최*미	스타터 패키지(기본기 완성.	5569-65ba5fdfbbeba	취소
2	신용카드	승인	2024/01/31 23:58		392,000	0	0	김*소	프리토킹 패키지(영어회화.	5568-65ba5fb0c4ecb	취소
3	신용카드	승인	2024/01/31 23:30		392,000	0	0	최*정	프리토킹 패키지(영어회화.	5565-65ba594acb5c1	취소
4	신용카드	승인	2024/01/31 23:09		392,000	0	0	강*경	프리토킹 패키지(영어회화.	5562-65ba544f6cc6b	취소
5	신용카드	승인	2024/01/31 22:38		392,000	0	0	전*주	프리토킹 패키지(영어회화.	5561-65ba4d2d3774b	취소

부가세신고 자료

2025년 1분기 매출 (토스페이먼츠)

조회기간   달력에서 선택   월   2025년 ∨   1분기(1~3월) ∨

합계 조회의 취소액 기준 ❶   ● 전체 결제수단 취소완료   ○ 가상계좌만 취소요청   상점아이디(MID)   전체 ∨

매출   매입

구분	결제수단	공급가액	면세가액	부가세	합계 (결제액-취소완료액) ❶
					416,533,025
신용·체크카드	신용·체크카드	0	416,533,025	0	416,533,025
	합계	0	416,533,025	0	19,788,200
현금영수증 자동발행	가상계좌	19,788,200	0	0	6,133,863
	토스머니	8,543	6,125,320	0	6,701,823
	카카오페이머니	7,123	6,694,700	0	26,462,078
	네이버페이 충전포인트	0	26,462,078	0	59,085,964
	합계	19,803,866	39,282,098	0	137
기타 (정규영수증 외 매출분)	토스포인트	-8,543	8,680	0	577
	카카오페이포인트	-7,123	7,700	0	588,672
	네이버페이 적립포인트	0	588,672	0	589,386
	합계	-15,666	605,052	0	

부가세 참고자료

2025년 1분기 매출 (나이스페이먼츠)

2025   [1분기]   2분기   3분기   4분기   상반기   하반기

월 조회기간 (최대 6개월 조회 가능)

202501 ~ 202503   조회하기   ☐ 과세/면세구분

조회하신 기간의 1일~말일까지의 매출을 조회합니다. 조회기간에 당월이 포함된 경우 전일까지의 매출을 조회합니다.

⬇ EXCEL

매출구분	매출건수 (승인-취소)	매출금액 (승인-취소)
카드매출	705	402,953,975
현금매출	29	12,775,900
기타매출 ❓	15	5,795,000

월별 내역

2025년 1분기 매출 (네이버스마트스토어)

부가세 신고기간	과세매출금액	면세매출금액	신용카드 매출전표	소득공제	지출증빙	발행 제외	기타
				현금영수증			
합계	0	10,673,000	5,995,575	4,182,866	114,024	0	380,535
2025.01	0	2,321,000	1,329,677	961,540	0	0	29,783
2025.02	0	2,824,000	2,236,009	339,539	76,962	0	171,490
2025.03	0	5,528,000	2,429,889	2,881,787	37,062	0	179,262

한 달에 4,000만 원을 번다는 것은 단순히 연봉 4,000만 원을 받는 사람보다 12배 더 많은 돈을 갖게 된다는 의미 이상이었다. 4,000만 원과 함께 '11개월의 시간'을 추가로 얻은 셈이다. 다른 사람들은 나머지 3,670만 원을 더 벌기 위해 앞으로 11개월 동안 매일 아침 일찍 일어나 출근하고, 밤에 퇴근하며 자신의 시간을 소비해야 한다. 하지만 나는 그 시간을 벌게 되었고, 온전히 또 다른 가치를 창출하는 데 사용할 수 있게 되었다.

> "소득을 높인다는 것의 진정한 의미는 자유롭게 쓸 수 있는 '추가 시간'을 확보하는 것이다."

이 깨달음을 통해 나는 더욱 절실해졌고, 사업화에 박차를 가했다. 그해 12월에는 웹사이트를 개편하여 시스템을 확장하는 한편, 무료 특강 이벤트를 통해 월수익 1억 4천만 원을 기록하며 성공적으로 첫 해를 마무리할 수 있었다.

| 노동 소득을 넘어 자본 소득으로, 시스템이 일하게 하라

창업 2년차에 접어들며 나는 개인 사업자가 아닌 법인으로 전환하고 직원을 고용했다. 이제는 혼자 북 치고 장구 치는 1인 기업이 아니라, 진짜 '회사'를 만들고 싶었다.

SNS 광고를 집행하고, 디자이너를 채용하여 퀄리티를 높였으며, 개발자에게 외주를 주어 웹사이트 기능을 고도화했다. 홍보,

리얼딜 에릭

판매, 서비스, CS까지, 잠든 시간에도 굴러가는 '사업 시스템'을 구축하는 데 총력을 기울였다.

그 결과 평균 매출은 꾸준히 성장하여 2025년 1분기에는 매출 9억 원을 돌파하고 영업이익은 5억 원을 돌파했다. 이는 불과 2년 전보다 10배나 성장한 수치였다. 이 모든 것은 단순히 나의 노동력만으로 이루어낸 결과가 아니었다. 자본을 투입하여 시스템을 구축하고, 그 시스템이 다시 수익을 창출하는 구조를 만들었기에 가능했다. 나는 비로소 노동력이 아닌 자본의 힘으로 일을 추진하는 '두 번째 돈의 위력'을 실감하고 있었다.

| 능력 밖의 욕심이 초래한 위기(1억 2천만 원의 수업료)

물론 꽃길만 걸어온 것은 아니다. 빛이 밝을수록 그림자도 짙어지는 법, 사업 확장을 추진하는 과정에서 외주 업체의 채무 불이행으로 소송을 진행하기도 하고 사기를 당하는 등 예고 없이 큰 시련들이 찾아왔다. 브랜딩 강화와 웹사이트 및 마케팅 시스템의 대대적인 업그레이드를 계획하던 시기에 소위 '사기꾼'을 만나 1억 2천만 원의 금전적 손실을 보았다. 금전적인 손해도 컸지만, 그 문제 해결에 4개월이라는 시간을 허비한 것이 가장 큰 타격이었다.

처음에는 마음이 무너져 내렸다. 사기꾼은 연락을 끊고 지방으로 도망쳤고, 나는 고소를 진행하며 경찰서를 드나들어야 했다. 분노와 억울함에 잠 못 이루는 밤이 계속되면서 자연스럽게 가정에도 소홀해질 수밖에 없었다. 하지만 시간이 지나 냉정하게 돌이켜보니 결국 모든 것은 내 능력 부족에서 비롯된 일임을 인정할 수밖에 없었다.

전설적인 투자자이자 기업가인 찰리 멍거는 "자신이 모르거나 이해하지 못하는 것에는 투자하지 않는 것"이 가장 중요하다고 강조했다. 2025년을 시작하며 나 역시 "능력 범위 안에서 움직이자"라고 수없이 다짐했지만, 결국 그 원칙을 지키지 못했고, 그에 대한 혹독한 대가를 치렀다.

원인은 '조급함'이었다. 사업을 빠르게 키우고 싶은 마음에 '위임'이라는 단어의 겉모습만 흉내 냈을 뿐, 그 진정한 의미를 몰랐던 것이다. 제대로 알고 있어야 제대로 맡길 수 있는데, 나는 잘 모르는 영역을 남에게 떠넘기듯이 맡겨버렸다. 중요한 것은 결국 대표의 실력이다. 쉽게 얻을 수 있는 성과는 없으며, 요행은 통하지 않는다. 잠시 요행을 바랐던 나는 다시 대표로서 실력을 키워 'Real Deal'의 길을 걷기로 마음먹었다.

처음부터 다시, 직접 뜯어고치며 재건하다.

나는 이미 벌어진 일에 대해 긍정적으로 생각하기로 했다. 어차피 사업을 계속하려면 법적 분쟁이나 소송 과정도 언젠가는 배워야 할 과정이자 겪어야 할 경험이다. 비싼 수업료를 치렀다고 생각하며, 나는 다시 정신을 가다듬었다.

리얼딜 에릭

첫번째 사건은 7개월 간의 소송을 통해 1억원의 채권을 확보했고, 두번째 사건은 형사 고소를 진행하여 사기꾼을 체포하는 과정에 있다. 멈춰있던 사업 역시 재건에 돌입했다. 이번에는 모든 것이 달랐다. 사무실을 새로 구하고, 그 누구에게도 일을 맡기지 않고, 웹사이트 오류부터 광고 관리자 세팅까지 꼼꼼하게 직접 확인하고 수정하기 시작했다. 새로운 디자이너를 섭외하고, 웹 개발팀과 직접 소통하며 작업 과정 전반을 배우고 조율했다. 조급해하지 않고, 차근차근 직접 빈틈을 메우고 기초부터 다시 쌓아 올렸다.

그 결과 거짓말처럼 사업이 다시 활기를 띠기 시작했다. 매출과 영업이익이 2배, 3배로 뛰어오르며 예년 수준을 완전히 회복했다. 다음 달(2026년 1월)에는 웹사이트와 서비스 리뉴얼을 진행할 예정이다. 중단되었던 SNS 활동도 재개했으며, 새로운 챌린지 상품과 커뮤니티를 이끌어갈 리더도 팀에 합류했다.

위기는 나를 좌절시키지 못했고, 오히려 더욱 강하게 만들었다. 멈추지 않고 'Real Deal'이 되기 위해 노력하는 한, 나의 미래는 밝을 것이라고 굳게 믿는다.

| 자유는 당신의 진정성만큼 넓어진다

다시, 스무 살의 그 겨울을 떠올린다. 경주의 산골 절방, 칠흑 같은 어둠 속에서 나는 생각했다. 가진 것 하나 없고, 할 줄 아는 것 하나 없는 나약한 존재임을 깨달았던 그 밤이, 내 모든 여정의 시작이었다.

그날 이후 나는 내가 원하는 자유로운 삶을 '벌어(Earn)'내기로 했다. 하루 16시간씩 영어를 씹어 먹던 단단한 시간들이 나를 무능력에서 구원했다. 월급 30만 원을 받으면서도 행복하게 강의를 했던 그 작은 교실이 나를 강사로 만들었다. 모두가 위기라고 했던 코로나 시절, 쌓아온 실력으로 기회를 낚아챘고, 안정을 찾았을 때 직장을 박차고 나와 '리얼딜'이라는 내 간판을 걸었다.

탄탄대로만 걸었던 건 아니다. 조급함에 부린 욕심 때문에 사기를 당하고 큰 손실을 봐야했다. 많이 힘들었지만, 그 경험조차 내 실력의 빈틈임을 인정하고, 다시 밑바닥부터 벽돌을 쌓아 올렸다.

| 자유를 벌기 위해 필요한 두 가지 진정성

우리 회사의 슬로건은 "Earn Your Freedom"이다. 내가 지나온 모든 과정을 관통하는 진리는 하나다. "참된 실력과 가치를 통해서만 진정한 자유를 얻을 수 있다."

지금 이 순간에도 세상의 수많은 달콤한 거짓말들이 당신을 유혹할 것이다. "쉽게 돈 버는 법", "노력 없이 성공하는 법", "단기간에 마스터하는 법". 하지만 나는 단언한다. 요행으로 얻은 성과는 모래성처럼 무너지고, 실력 없이 얻은 자리는 살얼음판이 되어 당신을 불안하게 할 것이다.

지금은 그 어느 때보다 진정성이 요구되는 시대다. 창업으로 성공하기 위해서는 두 가지 진정성이 필요하다.

첫째, 진정성 있는 실력을 쌓아야 한다. 일에 뛰어들고, 부족하면 채우고, 없으면 빌리고, 필요하면 만들어서라도 어떻게든 해내겠다는 '실력에 대한 진정성'을 가져야 한다. 그럼 분명히 당신은 준비가 된다.

둘째, 진정성 있는 가치를 좇아야 한다. 자신이 하는 일이 진정으로 가치를 주는 일인지, 고객을 대하는 태도가 진심인지 '가치에 대한 진정성'을 가져야 한다. 그럼 분명히 사람들은 당신을 알아본다.

진정한 실력을 쌓은 나를 만들고, 진정한 가치를 주는 일을 하면 된다. 자신만의 길을 개척해 사업을 하고자 하는 독자들에게, 이두 가지 진정성을 꼭 마음에 새기길 바란다는 말을 마지막으로 전하고 싶다. 부디 요행의 유혹을 뿌리치고, 당신만의 '진정성'을 만들어라. 자신의 삶을 온전히 책임지는 자만이 누릴 수 있는 그 벅찬 자유를, 당신의 실력과 가치로 당당하게 쟁취하기를 응원한다. 창업이라는 도전을 앞두고 있는 자에게 따르는 두려움과 불안함을 마주하고도, 진정성 있는 뜻을 품고 자신만의 일을 시작하려는 당신이 진정한 'Real Deal'이다.

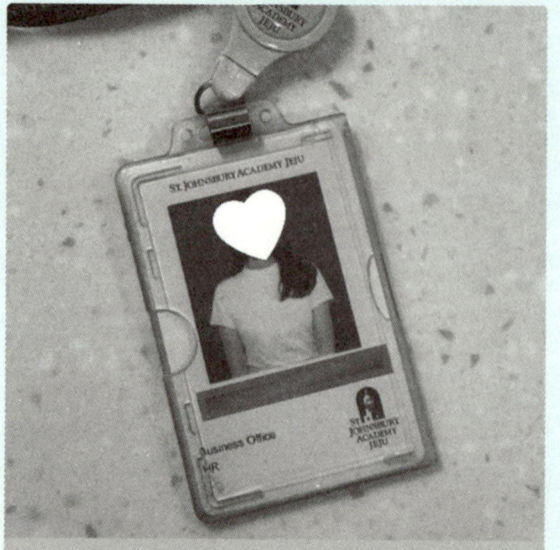

국제학교 인사팀에서 수습으로 입사한 ■■■
입니당 ,, 성과라고 하기엔 그렇고 소소하게 감
사한 마음 전해드려요 👏👏 입사 후 업무적
인 비즈니스 영어를 해야할 일이 많아서 힘들었
는데 계속 막연한 두려움 자괴감에 빠져있다가
리얼딜클라쓰 강의 아침 저녁으로 챙겨 들으면
서 업무도 익숙해지고 난이도 있는 영어도 입에
많이 붙었어요 🌀 특히 단순히 문장 패턴만
반복하는 타 강의들과 달리 단어 문법 리스닝
독해 회화를 함께 향상시킬 수 있어 더 더 단기
간에 시너지가 나는 것 같아요 🤍

직장 특성 상 지속적인 외국어 관련 자격증 취
득이 플러스 요인이라 다음 달엔 오픽 AL 도전
하려구요 ! ⭐☁️

realdeal_S2_gray
선생님... 대박 소식 들고 왔어요..

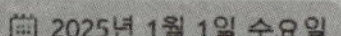

저 AL 받았습니다!!!!!!!

쌤 덕분입니다 ㅠㅠㅠㅠㅠㅠㅠ   오후 1:07

헉 ㅠㅠ

새해부터 이런 소식을!!!!!!!!!!!!!!!!!!!!!!!!!!!!!!!
!!! 역시 명불허전 Gray님!!!!! 미쳤습니다 진
짜!! 실제로 소름돋고 있어요.

잉짱

z1 28강 to부정사 형용사적 용법 들었는
데 진짜 제 얘기를 딱 짚고 해주셔서 이
마를 탁 쳤어요!!!!!
왜 문장 뒤에 on in with 같은 전치사가
자꾸 붙는건지 gpt가 왜 자꾸 저러나 설
명을 해줘도 아리송송했는데 진짜 가려
운 부분을 딱 긁어주셔가지고 좀 마음이
두근거려욬ㅋㅋㅋㅋㅋㅋ 더 익숙해져야
써먹겠지만 앞으로는 틀려도 아맞다 필
요했지? 라고 이해하고 넘어갈 수 있을
것 같아요ㅠㅠ 명쾌한 강의 너무 좋네요..
증맬루??

♡ 1   👤

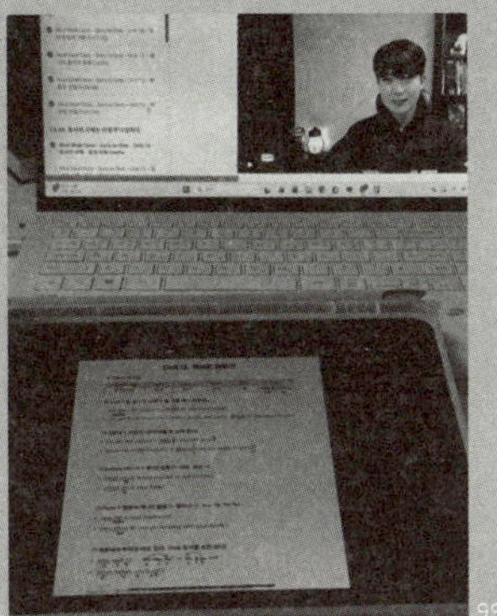

13강 수강 완료했습니다! 오늘부터 공부 인증해보려구요😄
끈기가 정말 부족한 학생이지만 선생님 강의가 너무 재밌고 이해가 잘 돼서 계속 듣게 됩니다ㅎㅎ zero to one 끝까지 잘 수강해보겠습니다

근데 진짜 저 ㅠㅠ 제로투원 전후가 다름을 느낍니다 ㅠㅠㅠㅠ

제가 다 쓰고 지피티한테 문법틀린것만 고치고
웬만하면 건드리지말아달라고 하는데 ...
사실 제로투원 듣기전에는
.... 한두문장쓰다가 못해먹겠다 싶었거든요 ㅠㅠ
이젠 혼자 다 쓴다는게 진짜 ㅠㅠ

선생님...! 워홀을 앞두고 부랴부랴 물건 처분겸 카드값 메운다고 당근을 햇는데요!

오늘 저의 첫! 거래를 했는데 심지어 뉴질랜드 분이시더라구요 처음에 살짝 당황스럽긴 했지만 제가 많이 늘었다는걸 느꼈어요! 더이상 무섭지 않더라구요 ㅎㅎ

사실 채팅때 말투가 좀 자연스럽지 못해서 외국분이신가싶어 거의 막판엔 영어로 대답했는데 영어 챗도 원어민이라기엔 뭔가 긴가민가했거든요ㅎㅎ;

그 분과 약 5분정도 제품에 대한 내용과 협상을 하다 협상을 끝내고 그 분이 저보고 영어 잘한다고 왜 전엔 영어로 말해주지 않았녜서 아 외국인지 확실치 않았다고 대답하고 웃고 끝났는데 거창한 말을 한건 아니지만 저 인정받았어요!!!

이게 다 센세덕입니다ㅎㅎㅎ 선생님 강의를 수강한 이후로는 상상만 해온 일들이 실제가 되어 하루하루 신기한 순간들 투성이에요! 1.0 완강하며 어찌나 뿌듯하던지.. 이제 전 2.0을 향해 달릴거에요^~^

전 추석 전이라 오늘 잠깐 고향집에 다녀왔는데, 전통 시장에서 말이 안통해서 고생하던 외국인들이 있어서 도와주고 왔네요ㅎㅎ 어시장이라 생선좀 사고싶은데 어떻게 하면되는지, 바다보이는 카페에 가고싶은데 어디로 가면 되는지, 밖에 줄서있는 사람들은 뭐땜에 서있는건지 이것저것 많이 물어봤는데, 다행히 영어듣기는 꾸준히 하고있어서 그런지 완벽하게 들려서 적당히 잘 말해주고 왔습니다ㅎ 부모님이 저 영어 하는걸 처음보셔서 많이 놀라신🐻

👍6 😆1 🐾1 🧑

책상에만 앉아있는 공부가 아니라, 내일 당장 내 삶에서 쓸 수 있는 '진짜 영어'를 배웠습니다.

특히 조동사 등 시제별로. 표로정리해주는거. 진짜 사이다인것 같아요~~

그전에 9개 강의로 쪼개서 들어도 당체 이해가안되었던걸 한표에 정리해주니 대박이더라구요   오후 9:44

👍1 🧑

제로투원 끝낸지 얼마 안돼서 그런지 거기서 배웠던 조동사 have pp 도 같이 떠오르면서 정말 이해가 더 잘 됐어요 !! 강의 들으면서 개운한 기분 느껴보는 건 처음인 것 같네요 ㅎㅎㅎ 🌸   오후 9:46

👍1 👍1 🧑

오 진짜. 조동사파트 ㅎㅎ 쌤 찌찌뽕ㅋㅋ 통했네요

그거너무 명품강의 근데 제로투원 45강 S1,S2 80강 80강 어느하나 안좋은게없고 다놀라워서 빠짐없이 챙겨먹어야 돼요   오후 9:46

❤1 👍1 🧑

운동하는 라이언에게 답장
특히 조동사 등 시제별로. 표로정리해주는거. 진짜 사이다인것 같아요~~
그전에 9개 강의로 쪼개서 들어도 당체 이해가안되었던걸 한표에 정리해주니 대박이더라구요

맞아요 표로 정리돼있는 게 너무 좋은 것 같아요~   오후 9:46

👍1 🧑

특강도 꼭

여기꺼 제대로 듣고 소화하면 거짓말안보태고 1000만원이상 버는거예요   오후 9:47

realdeal_S1_Julia.N

막연히 인풋만 하고있던 저한태 리얼딜이 찾아와서 마인드셋도 해주고 영어를 체계적으로 접근할수있게 해준거 같아요.💙

❤1 👍2

"영어 권태기였는데, 다시 공부할 의욕이 생겼습니다."

선풍기 바람 쐬는 어피치

저는 제로투원이랑 스피킹1.0 듣고있는데요. 제기준에 제로투원 진짜 도움이 많이 됩니다. 뭔가 뒤죽박죽 되어있는것들이 깔끔하게 정리되는 느낌이고, 이게 정리가되니 스피킹 영작도 훨씬 수월한 느낌입니다. 이세상에서 영어과목이 제일 싫었는데, 영어공부가 재미있을줄은 몰랐습니다. (오후 5)

❤1

bin-su-re

선풍기 바람 쐬는 어피치에게 답장
저는 제로투원이랑 스피킹1.0 듣고있는데요. 제기준에 제로투원 진짜 도움이 많이 됩니다. 뭔가 뒤죽박죽 되어있는것들이 깔끔하게 정리되는 느낌이고, 이게 정리가되니 스피킹 영작도 훨

동감합니다
보통 아는 내용 들으면 듣기싫고 뻔한 내용이라 스킵하게 되는데
제로투원은 빈곳이 메꾸어지는 느낌이고 예문들 한국어로 해석한거 다시 영작하는 연습하면서 강의들고있는데
참 좋네요~
어느 정도 문법알고 빠르게 늘고싶은분들은 스피킹 1.0도 괜찮고
무언가 천천히라도 제대로 하고싶으신분들은
제로투원부터 해도 얻어가는것들이 있지 않나..
싶습니다~ (오후 5)

👍1

Apeach blows kisses

출근길에 s1 15강 들었는데 l발음에 대해서 이렇게 자세히 배워본 건 처음이에요! r발음은 오히려 익숙한데 l발음은 명확한 개념을 몰랐거든요. 저는 40대인데요 중학교 때 선생님이 단편적으로 문장에서 r은 ㄹ 하나, l은 ㄹ 두개로 생각하면 된다고 말씀하셨던 게 어렴풋이 생각나네요

에릭쌤 수업 참 재밌고 개념설명이 명확해서 좋아요 감사합니다 리얼딜 크루님들 오늘도 열공 하세요! 화이팅~~💙 (오전 7:59)

❤3 👍4

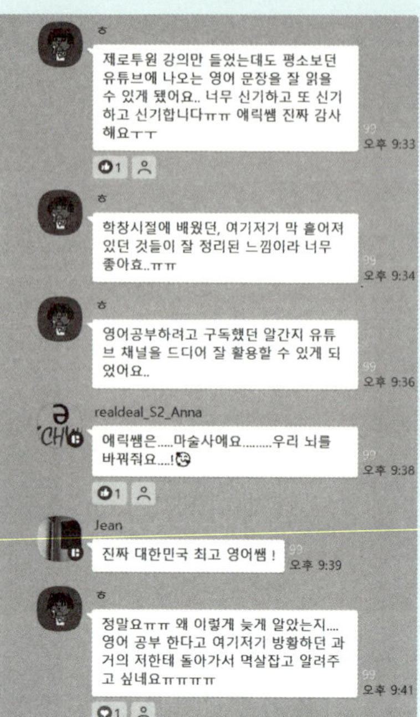

제로투원 강의만 들었는데도 평소보던 유튜브에 나오는 영어 문장을 잘 읽을 수 있게 됐어요.. 너무 신기하고 또 신기하고 신기합니다ㅠㅠ 애릭쌤 진짜 감사해요ㅜㅜ (오후 9:33)

👍1

학창시절에 배웠던, 여기저기 막 흩어져 있던 것들이 잘 정리된 느낌이라 너무 좋아효..ㅠㅠ (오후 9:34)

영어공부하려고 구독했던 알간지 유튜브 채널을 드디어 잘 활용할 수 있게 되었어요.. (오후 9:36)

realdeal_S2_Anna
에릭쌤은.....마술사애요........우리 뇌를 바꿔줘요...! (오후 9:38)

👍1

Jean
진짜 대한민국 최고 영어쌤! (오후 9:39)

정말요ㅠㅠ 왜 이렇게 늦게 알았는지..... 영어 공부 한다고 여기저기 방황하던 과거의 저한테 돌아가서 멱살잡고 알려주고 싶네요ㅠㅠㅠㅠ (오후 9:41)

❤1

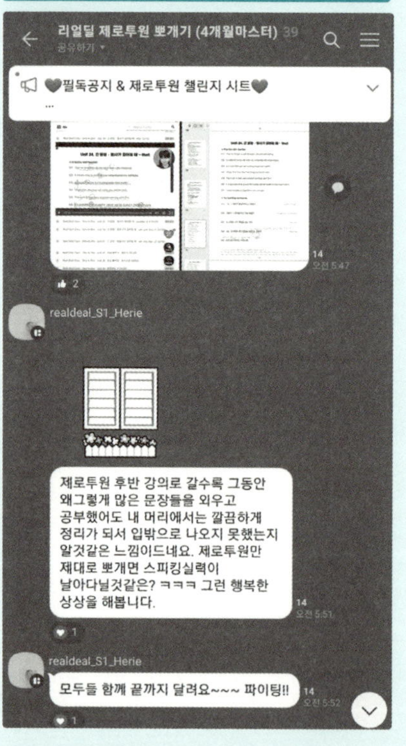

이번엔 반드시

수업만큼은 최고십니다👍
온라인강의 시스템이 아무리 고퀄이라
할지라도 강의를 듣고싶은마음이 없고
그걸 매일 재생하지 않으면 아무소용없
다고 생각해요
게으름과 타협해서 여태까지 영어를 실
패한 제가 강의를 듣고싶어하고 틈틈히
재생하고
재미있어 하는것만으로도 에릭쌤 강의
최고인정입니다♡

♡2

"단어 뜻만 외웠는데, 이제 '뉘앙스' 차이가
보여요." 단순 암기가 아닌 영어의 '결'을 이
해하게 되었습니다.

리얼딜 듣고 영문과 진학 후
전 과목 만점!

초급영어회화입문 I (02반)	2025년 1학기 중간고사	2025-04-22	100
초급영어회화실용 I (01반)	2025년 1학기 중간고사	2025-04-23	100
초급영문법 (02반)	2025년 1학기 중간고사	2025-04-27	100
미국영어의 이해 (01반)	2025년 1학기 중간고사	2025-04-28	100
초급영어작문실용 I (01반)	2025년 1학기 중간고사	2025-04-29	100
초급영어작문입문 I (01반)	2025년 1학기 중간고사	2025-05-01	100

---

realdeal_S1_

____ 첫 시험이라 교수님들이 살살 내
주신거같긴한데 ㅋㅋㅋ
리얼딜에서 대부분 배운내용 기반이어서
정말 재있게 공부했어요
원어민교수님들 수업도 리스닝이나 리딩
도 많이 어렵지 않게 될때마다 기초를 잘
다져주신 에릭쌤께 감사하단 생각했어
요! 기말까지 잘 봐서, 올4.5 도전해볼게
요!!🙇🙇

👍3

Realdeal_S1_Aspyn

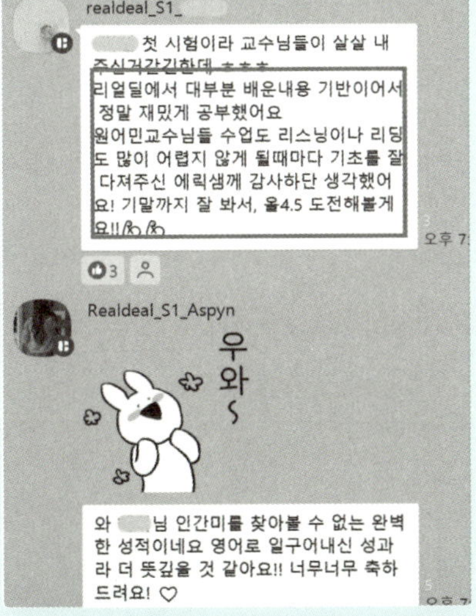

와 ___님 인간미를 찾아볼 수 없는 완벽
한 성적이네요 영어로 일구어내신 성과
라 더 뜻깊을 것 같아요!! 너무너무 축하
드려요! ♡

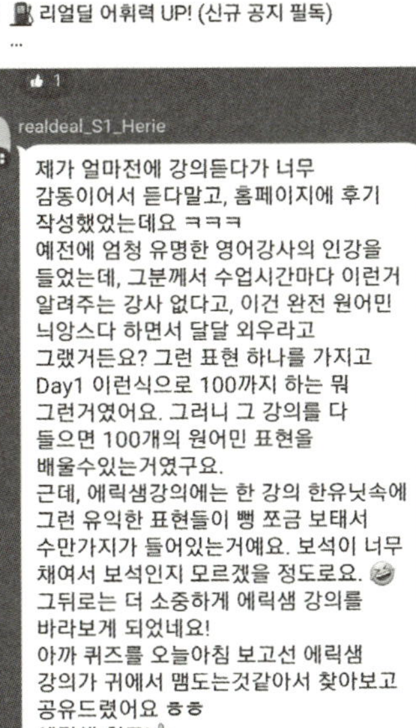

🎙 리얼딜 어휘력 UP! (신규 공지 필독)
...

👍 1

realdeal_S1_Herie

제가 얼마전에 강의듣다가 너무
감동이어서 듣다말고, 홈페이지에 후기
작성했었는데요 ㅋㅋㅋ
예전에 엄청 유명한 영어강사의 인강을
들었는데, 그분께서 수업시간마다 이런거
알려주는 강사 없다고, 이건 완전 원어민
늬앙스다 하면서 달달 외우라고
그랬거든요? 그런 표현 하나를 가지고
Day1 이런식으로 100까지 하는 뭐
그런거였어요. 그러니 그 강의를 다
들으면 100개의 원어민 표현을
배울수있는거구요.
근데, 에릭쌤강의에는 한 강의 한유닛속에
그런 유익한 표현들이 뻥 쪼금 보태서
수만가지가 들어있는거예요. 보석이 너무
채여서 보석인지 모르겠을 정도로요. 😂
그뒤로는 더 소중하게 에릭쌤 강의를
바라보게 되었네요!
아까 퀴즈를 오늘아침 보고선 에릭쌤
강의가 귀에서 맴도는것같아서 찾아보고
공유드렸어요 ㅎㅎ
에릭쌤 최고! 👍

수민

잘 받았습니다!! 감사합니다~~~ 그리구
저 오늘 학원에서 문법 강의하면서 8품
사랑 1~5형식, 수동태, to 부정사 파트 수
업했었는데 원장님이 보시고 방학때 특
강 해줄수 있냐고 하셔서 뿌듯햇어용 ㅎ
ㅎ 리얼딜에서 했던 예문 그리고 쌤이 설
명하던 방법으로 애들 이해시켜주니깐
눈이 초롱초롱 해지더라구요 ㅎㅎ 저도
더 신나서 설명하고 시간가는 줄도 모르
고..!! 오늘도 에릭쌤께 감사한 하루였습
니당🌷

오후 8:20

📅 2024년 2월 3일 토요일

아하 다행입니다.^^

와우~!! 수민님이 이렇게 또 성과를 내셨다
니 너무 기분 좋네요.^^ 특강도 꼭 도전해
보세요. 처음엔 부담스럽더라도 꼭 도전하는만
큼 성장하더라고요.👍👍

오후 5:17

 1

수민

공부하면서 너무 편했나봐요 이때까지..
ㅎㅎ 수업 준비하니깐 제가 부족한 부분
이 확실히 보이고 이제서야 문법 퍼즐이
맞춰지는 느낌? 혼자 이해하고 문장 몇개
만들어보고 넘어간거랑 가르치는건 진
짜 차원이 다르네요 😅 에릭쌤 존경합니
다 정말루 🙏

오후 5:25

굳어있던 저의 심장이 다시 뛰기 시작했습니다

가진 것이라곤 "이대로는 안 된다"는 간절함뿐이었던, 진정한 자립 (Real Deal)에 대한 이야기

저는 저자 에릭 대표님이 창업한 '리얼딜 클라쓰'를 시작부터 내돈내산으로 경험해 온 고객이자 제자입니다. 이 책은 '진정성 그 자체'의 삶을 살아온 에릭 대표님의 기록입니다. 제가 곁에서 지켜본 에릭 대표님은 단순히 운이 좋아서 성공한 사업가가 아니었습니다. 인스타그램과 유튜브를 통해 단기간에 10만 팔로워를 모으고, 월 수강생 100명에서 시작해 불과 1년 만에 압도적인 규모로 성장하는 그 과정을 지켜보며 저는 늘 궁금했습니다.

'대체 무엇이 이런 차이를 만드는 것일까?'

이 책을 읽으니 그 이유가 더욱 선명해졌습니다. 그것은 보여주기 식이 아닌, 실제로 증명된 실력과 태도에서 나오는 'Real Deal'의 힘이었습니다. 이 책을 읽으며 저는 인생의 본질을 배우게 되었고, 진솔하고 겸허한 이야기 속에서 깊은 반성을 하게 되었습니다. 20대 시절부터 그 혹독한 고립의 시간을 견디며 "자유로운 삶은 그냥 주어지지 않는다"라는 저자의 다짐은 40대인 저에게 뼈아픈 성찰로 다가왔습니다. 그리고 스스로를 몰아붙이며

치열하게 실력을 연마해 온 그 모습 앞에서 한없이 숙연해집니다.

나는 왜 그토록 내 인생에 불만과 핑계가 많았던가.

나는 과연, 내 노력의 끝까지 가 본 적이 있었던가.

누구보다 늦게 시작했기에 누구보다 진정으로 실력을 쌓아 올렸다는 실제 경험담들이, 나태해졌던 제 정신을 단번에 깨워주었습니다.

진심으로 감사드립니다.

자유로운 삶, 내가 원하는 삶을 꿈꾸며 오늘도 묵묵히 도전하는 모든 분에게 이 책을 추천해 드립니다. 처절하게 갈고닦은 실력이 어떻게 완전한 독립을 만드는지, 그리고 실력을 갖춘 자에게 성공은 왜 따라올 수밖에 없는 필연인지 이 책을 통해 생생하게 경험할 수 있습니다. 다시 시작할 용기가 필요한 분들, 길을 잃었다고 느끼시는 분들께 이 책을 전하고 싶습니다.

저의 심장을 다시 뛰게 해준, 작은 거인의 치열한 기록이 여러분의 심장 또한 다시 뛰게 할 것입니다.

수강생　주찬양

타협하며 미뤄왔던 꿈들을 다시 마주하게 되었습니다

학창 시절 혹독한 IMF 시기를 겪으며 자란 저는 늘 안정적인 삶에 초점을 맞추고 살아왔습니다. 하고 싶은 일보다는 안전한 길을 선택했고, 결국 공직자가 되어 비교적 안정된 삶을 살고 있습니다. 하지만 마음 한편에는 늘 자유롭고 싶다는 열망과, 꿈꿨지만 하지 못했던 일들이 자리하고 있었습니다. 퇴직 이후, 특히 60대가 되어서는 시간과 공간에 얽매이지 않고 살아보고 싶다는 작은 꿈도 있었습니다.

이 책을 읽으면서 저는 그동안의 타협과 '미루어 둔 저의 꿈'을 다시 들여다보게 되었습니다. "지금 하지 못하는 일을 60대에 할 수 있을까?"라는 질문을 스스로에게 던지게 되었습니다.

저자는 작은 시작과 지금 이 순간의 선택, 본질에 집중하는 삶의 자세를 이야기하고 있습니다. 이는 제가 리얼딜에서 지켜본 그의 모습과 철학에서 늘 감탄하고 존경했던 부분입니다.

다른 유명 강사들이 보여주는 화려한 입담이나 외적 요인이 아닌, 학생들의 필요와 진정한 성장을 온전히 생각하는 그의 진정성이 책 속에서 고스란히 느껴졌습니다.

가정과 안정된 직장에 묶여 있는 상황임에도 불구하고, 이제 단순히 먼 미래가 아닌 "지금 무엇을 시작할 수 있을까"라는 질문을 던지게 되었습니다.

이 설렘은 저뿐만 아니라 자녀를 키우는 부모로서도 중요한 깨달음을 주었습니다.

이전에는 아이에게 자유로운 삶을 꿈꾸게 하고 싶은 마음과 안정적인 삶을 준비하게 하고 싶은 마음 사이에서 갈등을 해왔습니다. 그런데 이젠 아이가 진정으로 원하는 일과 좋아하는 일을 발견할 수 있도록, 어떻게 안내하고 지지할지 깊이 생각하게 되었습니다.

그래서 이 책은 꼭 창업을 꿈꾸는 사람이 아니더라도, 인생의 활기를 되찾고 싶은 사람, 그리고 자녀를 키우고 있는 부모에게 특히 추천하고 싶습니다.

수강생 김신혜